女性领导力案例集

（第一辑）

Female Leadership

国家行政学院政治学教研部　编

国家行政学院出版社

图书在版编目（CIP）数据

女性领导力案例集．第一辑/国家行政学院政治学教研部编．—北京：国家行政学院出版社，2016.10
ISBN 978-7-5150-1857-7

Ⅰ.①女…　Ⅱ.①国…②中…　Ⅲ.①妇女干部—领导能力—案例　Ⅳ.①D422.6

中国版本图书馆 CIP 数据核字(2016)第 188194 号

书　　名	**女性领导力案例集（第一辑）**
作　　者	国家行政学院政治学教研部　编
责任编辑	陈　科
出版发行	国家行政学院出版社 （北京市海淀区长春桥路 6 号　100089） (010)68920640　68929037 http://cbs.nsa.gov.cn
编 辑 部	(010)68928764
经　　销	新华书店
印　　刷	北京九州迅驰传媒文化有限公司
版　　次	2016 年 10 月北京第 1 版
印　　次	2016 年 10 月北京第 1 次印刷
开　　本	787 毫米×1092 毫米　16 开
印　　张	14
字　　数	258 千字
书　　号	ISBN 978-7-5150-1857-7
定　　价	42.00 元

目　录

变革创新

战略执行

沟通协调

舆情管理

危机应对

序　言

社会发展进步的标志之一就是性别平等，男女一样地入学，一样地就业，一样地参政，有一样的机会。如果说，传统社会是男人的世纪，那么，21 世纪可能就是“她世纪”。顺应时代发展的大趋势，中组部和全国妇联在国家行政学院举办了“女性领导力”专题研讨班。

领导力学习有一个 127 法则。10% 的领导力是向书本学来的，20% 的领导力是向别人学来的，70% 的领导力是向实践学来的，它强调领导力的获得要在实践中学习感悟。国家行政学院大力推行案例教学，有助于学员向别人学习领导力，也有助于在实践体验感悟中学习领导力。令人欣喜的是，女性领导力专题班很适合、很支持案例教学，不仅参与热情高，而且亲自动手撰写案例。读罢《女性领导力案例集（第一辑）》发现，女性领导力专题班学员撰写的案例含金量高、实用性强，很值得点赞！

一、一般领导力的构成

领导力与女性领导力是一般与个别的关系。严格地说，女性与男性平等，女性领导干部的领导力与男性领导干部的领导力并无根本的区别。要弄清什么是女性领导力，首先要界定什么是一般领导力。

1. 领导力与领导能力

领导力与领导能力不同。领导能力是领导干部从事领导工作应具备的能力和素质，包括战略思维能力、决策用人能力、沟通协调能力和思想政治工作能力等内容。领导力是领导者对追随者施加并为追随者自觉接受的正向的、积极的影响力和凝聚力。二者之间既有联系又有区别，总体来说，领导能力是个名词，而领导力则是一个动词或动名词。领导能力是个静态的、相对狭义的概念，而领导力则是一个动态的、内涵更广的概念，它包含领导能力但又不局限于领导能力。

第一，领导能力强调大小强弱，本身并没有明显的方向性。而领导力是一种矢量，它是一种正向的、积极的影响力，它既有大小又有方向，还强调着力点和受力的对象。同一个领导干部的领导能力作用在不同对象身上，其领导力是明显不同的。

第二，领导能力通常为领导干部所专属，它的大小与干部和群众的接受程度没有多大关系。而领导力突出领导与干部和群众之间的双向互动和相互作用，领导力的大小不仅取决于领导干部的作用，而且取决于领导干部的信誉，取决于干部和群众的反作用，尤其取决于干部和群众认同、接受的程度。换言之，领导干部不能单方面决定自己领导力的大小。

第三，领导能力具有相对稳定性，领导干部一旦拥有某种领导能力，一般来说在相当长的时间段内它往往不会失去。而领导力则与领导情境密切相关，它强调领导力大小的动态性，会因干部和群众的不同和所处领导情境的不同而随时变化。有的领导干部在平常时候领导力可能很强，但在危急关头领导力则可能变弱。

第四，领导能力与领导职位相关，常常与领导干部的职位权力画等号，因此领导能力的内涵相对单一。而领导力是职位权力和非职位权力的叠加，职位权力即硬权力是领导力的基础，非职位权力即软权力对领导力有放大和提升作用。领导力既与领导权力和领导能力相关，又与领导魅力和领导魄力相连。

第五，领导能力往往只为领导干部所有，而领导力不仅属于领导和上级，干部和群众也不同程度地具有领导力。“旧时王谢堂前燕，飞入寻常百姓家”。领导力的随处可见正在给我们的社会注入活力，带来进步。

2. 一般领导力的构成特点

简单来说，领导力要发挥“领”和“导”这两个作用。往哪儿“领”需要决策力，如何“导”需要影响力，这是领导力的两个要素，用公式表示：领导力 = 决策力 × 影响力。因此，领导力的基本要素就是决策力和影响力。决策力重在价值方向的确定，重在思想；影响力重在凝聚力量，重在行动。

领导决策力有两个环节，第一个环节是“策”，即出主意、谋方案、第二个环节是“决”，即选主意、定方案。决策力重在先策后决、多策少决。影响力也有两个环节，第一个环节是“激”，即激励、发动，形成动力；第二个环节是“聚”，即约束、凝聚，形成合力。影响力要先激后聚，多激善聚。

领导力强调硬权力和软权力的结合，用公式表示：领导力 = 硬权力 × 软权力。传统的领导力几乎等同于职权即硬权力，而现代治理语境中的领导力更多地依赖软权力。硬权力是外在的、法定的、有限的、强制性的，带来的只能是下级对上级的服从，它是一个“常量”，不管你的能力大小，只要居于同一职位就几乎具有相同的硬权力。

软权力则是内在的、个人的、无限的，它是一个“变量”，带来的是干部和群众对上级领导发自内心的认同。软权力来源于领导干部的品德高尚、作风过硬、能力超群、经验丰富和绩效超优等与个人相关的多种因素。因此，在领导力的语境中，与领导者对应的是追随者而非被领导者。领导力不能“被”，之所以使用追随者这个概念就是强调领导力的大小取决于干部和群众对上级领导的认同度，强调的是领导力的主动性和自觉性，而非被动性和强制性。

二、中国女性领导力的特点

我们曾委托第三方对参加国家行政学院女性领导力发展专题培训的 71 名女性厅局级领导干部使用基于“卓越领导者五种领导行为”设计的领越 TMLPI 测评问卷进行问卷调查，主要从以身作则、共启愿景、挑战现状、使众人行和激励人心五个方面测评女性领导力的特点。问卷测评包括自评和他评两部分，其中，每一位女干部的他评对象共 8 人，包括测评对象的上级 2 人、同级 3 人和下级 3 人。测评问卷发放和回收率均为 100% 。

通过对每个测评对象自评和他评的结果进行加总平均，得出对女性领导力的整体评价情况（见图 1）。在卓越领导者的五种行为中，按得分从高到低排序分别是：使众人行、以身作则、激励人心、共启愿景和挑战现状。其中，“使众人行”得分最高，“挑战现状”得分最低，这说明女性领导力的优势主要体现在使众人行、以身作则和激励人心三种领导行为上。很显然，这三种领导行为主要是领导用人行为。

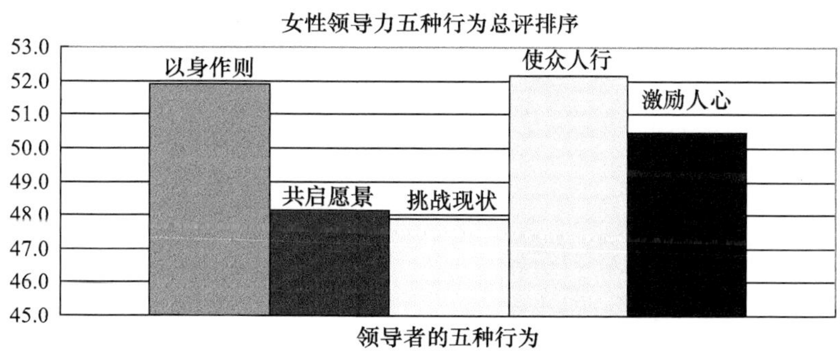

图 1　女性领导力的整体评价情况

毛泽东同志说，领导工作两件大事，一是决策，二是用人。把这一观点和卓越领导者的五种行为结合起来分析发现，以身作则、激励人心和使众人行这三大领导行为基本与领导用人行为相对应，因为用人的实质强调影响人，领导不是自己干，而是带着大家一起干；而共启愿景和挑战现状则主要与领导决策行为相对应，因为决策的实质强调创新思维，改变现状，在冲突中做出果断选择。所以，女性领导力的突出优势体现在影响力方面，而在创新和决断力方面略显不足。

根据对女性领导者自评和他评结果的比较分析还发现两个显著特点（见图2）：第一，自评与他评的方向和程度一致；第二，自评得分普遍低于他评得分。这说明女性领导者普遍具备良好的角色意识，有自知之明，知道该干什么、不该干什么，有底线思维，善于自我领导；而且，女性领导者都比较谦虚，但似乎自信不足。我们知道领导科学有一个基本观点，自信是卓越领导者的主要特质之一。

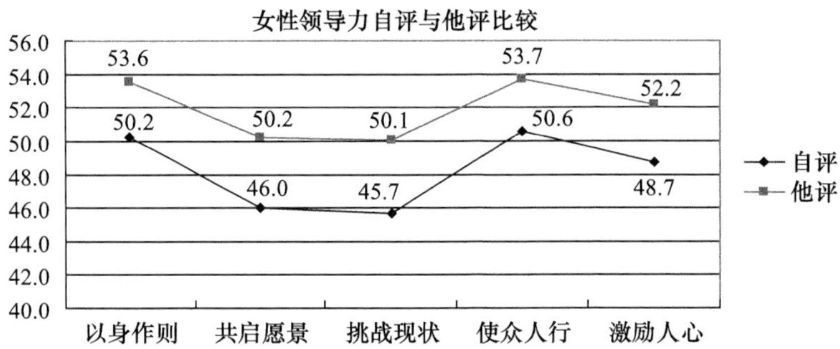

图2　女性领导力自评与他评比较

我们可以从大量的座谈、访谈和实证分析中得出结论，中国女性领导干部的影响力很强，决策力较弱；软权力很强，硬权力相对弱一些。调查中还发现，女性领导干部魅力有余，魄力不足；谦虚有余，自信不足；德识有余，胆识不足；执行到位，工作认真，但创新和权变似乎不足；感性思维和直觉思维较强，理性思维和战略思维稍显不足。

三、中国女性领导力的修炼

女性领导干部提升领导力要知己知彼，要扬长补短，而不是扬长避短。女性领导力提升要向优秀女干部学习，也要向优秀男干部学习。更重要的是，女干部成长一靠自身努力，二靠组织培养。

1．女性领导力提升要注重仁德修炼

仁者爱人，女性领导干部心中有大爱，爱国家、爱人民，有“绿我涓滴，汇它千顷澄碧”的大仁大爱信念和全心全意为民服务的宗旨情怀。女干部仁德修炼的重点是信念坚定，是为民服务，是清正廉洁，是作风优良。信念坚定是领导干部精神之“钙”，没有理想信念，理想信念不坚定，精神上就会“缺钙”，就会得“软骨病”，就会动摇前进的方向，就会动摇要走的道路。全心全意为人民服务的宗旨是仁德修炼的根本目的。

仁德就是广义的情商。仁德实际上包括两个方面的内容：一是仁者不忧，二是仁者爱人。所谓仁者不忧强调的是领导干部高度自信，能始终保持乐观向上的阳光心态和积极进取的奋斗精神。自信才有领导力，只有自我激励才能激励他人。所谓仁者爱人强调的是女干部善于关心他人、了解他人和影响他人。从补短板的角度来说，女性领导干部要特别注重情绪稳定，胸襟开阔，有器量，能包容他人；要自信自强，积极进取，主动有为，不用扬鞭自奋蹄。

2. 女性领导力提升要特别加强勇德修炼

勇德修炼要求女性领导干部要有胆有识，敢于担当，不惧怕责任、压力和风险；要有开拓精神和胆略气魄，能攻坚克难，咬定青山不放松，对确定的目标和认准的事情坚定不移，一往无前。

习近平总书记在多个场合多次强调领导干部要勇于担当，把是否具有担当精神，是否能够忠诚履责、尽心尽责、勇于担责作为检验每一个领导干部身上是否真正体现了共产党人先进性和纯洁性的重要方面。真正的领导干部就是责任、困难和风险的担当者。敢于担当是大智和大勇，是见识和胆识，是责任和使命。有的人对事情看得清清楚楚、明明白白、透透彻彻，但总是患得患失，关键时刻优柔寡断、犹豫不决、无法决断。

从补短板的角度来说，女性领导干部要有胆有识，善于决断，在完成急难险重任务方面多历练；要有打开新局面的魄力，敢为天下先；要有挑战现状勇于变革的智慧和勇气。

3. 女性领导力提升还要注重智德修炼

女性领导干部智德修炼的重点是能力建设，是科学决策，是提高执行力，从而切实提高绩效。女性领导干部特别要注重训练自己的理性思维，战略思维和辩证思维。坚持一切从实际出发，坚持党性和人民性的统一，坚持原则性和灵活性的统一。

领导智德修炼的重点是习近平总书记强调的领导干部的机遇意识，决策要及时，机遇要抓住。“时来天地同协力，运去英雄不自由”。毛泽东同志晚年常用古人的这两句诗来概括自己一生的政治智慧和决策经验。

从补短板的角度来说，女性领导干部要在战略思维和逻辑思维上下功夫，进一步强化大局意识，善于抓住主要矛盾，提高决断力，不要追求完美主义；不能事必躬亲，不要面面俱到，保姆式领导最要不得。

4. 女性领导力提升还要善于运用领导艺术

“从群众中来到群众中去”是马克思主义最基本的领导方法和工作方法，也是领导力产生和运用的基本规律。所谓“来”主要是把群众中分散的智慧、意愿和力量集中起来；所谓“来”指领导干部要带头，要走在前面，要与众不同，要比群众付出更多辛劳，要比群众接受更严格约束，要拉大与群众能力和素质的距离。所谓“去”就是放下架子，主动沟通协商，亲民务实，缩小与群众之间的感情距离和心理距离，从而强化自己的亲和力和影响力。

女性领导干部运用来去自如的领导艺术要防止出来以后回不去，也要防止回去之后出不来。所谓出来以后回不去是指领导干部的能力和素质高于群众，但不沟通、不协商，就可能犯命令主义的错误；而回去之后出不来则容易犯“尾巴主义”的错误。换个角度来说，出来以后回不去，回不到实践中去可能犯“教条主义”的错误；回去以后出不来，缺少正确的理论指导则可能犯经验主义的错误。

从补短板的角度来说，女性领导干部既要在“来”的方面做文章，更要在“去”的方面下功夫。要向前一步，脱颖而出，真正做到习近平总书记要求的“平常时候看得出来，关键时刻站得出来，危急关头豁得出来”。

女性领导干部的领导艺术不仅要来去自如，而且要方圆兼顾。所谓“方”是指领导工作的原则性和权威性，领导决策的目的和目标必须坚定不移；所谓“圆”是指领导工作的灵活性和策略性，实现领导决策的具体方法要灵活和变通。习近平总书记指出既不能用原则性来束缚灵活性，又不能以灵活性破坏原则性。要把原则性和灵活性有机地结合起来，才成其为真正的领导艺术。

所谓方圆兼顾就是要做到“大方小圆，内方外圆，先方后圆，己方他圆”。大方小圆是指大事与中央一致、与上级一致，坚持原则不动摇、不含糊；小事可以适当地灵活变通，在法律许可的范围内体现创造性。内方是指思想信仰要坚定，要讲党性，做人堂堂正正；外圆是指行为要适应社会、适应环境。先方后圆是指原则性是第一位的，方是根本，圆是第二位的。己方他圆是指严于律己，严以用权，严以修身，对自己高标准严要求，对干部和群众则要宽容宽松。

从补短板的角度来说，女性领导干部要敢于坚持原则，不能怕得罪人，更不能当老好人；做事既要认真较真，又要具体问题具体分析。有时多用硬权，偶尔金刚怒目；有时则可以多用软权，经常菩萨低眉。女干部要按角色做事，按本色做人。

为了便于读者正确理解什么是领导力、什么是女性领导力以及怎样提升领导力，写了以上这些话，与大家分享和共勉。是为序。

刘　峰

国家行政学院一级教授

中国领导科学研究中心主任

2015 年 12 月

战略决策

案例一

探索解决法律援助经费“保障难”

司法部法律援助工作司　孙剑英

【案例描述】

一、相关背景

法律援助是国家建立的为经济困难公民和特殊案件当事人提供免费法律服务，保障社会贫弱者平等实现其合法权益的一项重要法律制度。我国从 1994 年开始探索建立法律援助制度，2003 年国务院颁布实施《法律援助条例》（以下简称《条例》），标志着我国法律援助制度基本形成。经过二十多年的发展，我国法律援助制度不断完善，功能作用日益凸显，已经成为中国特色社会主义司法制度的重要组成部分，在服务经济社会发展、推进法治国家建设、维护困难群众合法权益中发挥了越来越重要的作用。

如果说法律援助是一台“机器”，那么保持这台“机器”运转所必需的动力就是经费。《条例》第三条第一款规定，“法律援助是政府责任，县级以上人民政府应当采取积极措施推动法律援助工作，为法律援助提供财政支持，保障法律援助事业与经济、社会协调发展。”经费是开展各项工作的血脉，影响着法律援助的覆盖面和办案质量，对法律援助工作的开展至关重要。没有国家的财政投入，为困难群众免费提供法律援助就是一句空话。

在全面建成小康社会、全面深化改革、全面依法治国、全面从严治党的新形势下，作为法律援助工作的领导者，如何顺应人民群众对公平正义的新要求、新期待？如何推动政府责任落实？如何破解法律援助经费不足的难题？这些都是法律援助工作者们首先需要解决的问题。

二、挑战和困难

2008年，法律援助工作司正式成立，主要职责是指导监督管理法律援助工作开展。作为法援司第一任司长，为摸清全国法律援助情况，理清工作思路，上任伊始，我即与部法援中心负责同志协商开展全面调研活动，为下一步的工作决策提供参考。

2008年10月至12月，我司联合法援中心同志分赴河南、辽宁、北京、天津等省市，前后持续进行了三个月的调研，初步掌握了全国法律援助工作的基本情况，摸清了法律援助工作发展面临的诸多问题，主要为法律援助覆盖面偏窄、体制机制尚未理顺、业务经费保障不足、业务用房和办案设施薄弱等，其中最突出的是法律援助经费保障不足的问题。

俗话说：兵马未动，粮草先行。经费保障是核心，是做好法律援助工作的基础和前提。抓住了这个"牛鼻子"，就找准了突破口、选准了着力点。为进一步做好法律援助工作，按照工作部署，我们相继组织了多次调研活动，每次都把法律援助经费保障作为一项重要调研内容。2011年2月，在全国开展全面调研，向32个省（区、市）下发书面调研通知，同时组织5个调研组赴山东、安徽、广西等10省份进行实地调研，全面掌握经费投入及构成、经费纳入财政预算、中央和省级政法转移支付资金对办案经费优先保障等情况。2011年9月，联合解放军总政治部组成调研组，赴江苏、河南、陕西、浙江等省份，与军地有关单位进行座谈，详细了解军人军属法律援助工作经费保障情况。2013年8月，联合最高人民法院的有关同志，赴浙江、吉林等省份调研国家赔偿法律援助工作情况。通过广泛、深入的调研，发现法律援助经费保障存在以下问题。

一是法律援助经费保障水平总体偏低。除少数经济发达地区外，一般的县级财政年度拨款不平衡，多的2万～5万元，少的1000～2000元，有的县甚至不拨款，2008年有18.5%的县（区）级政府未将法律援助经费纳入财政预算。全国县区法律援助机构办案量占全国的80%左右，而县区财政拨款额与之不匹配。

二是西部地区经费保障能力较弱。西部地区经费主要依靠中央和省级财政拨款支持，同级财政拨款额增幅也低于全国财政拨款额增幅。如果进一步扩大法律援助覆盖面，中西部基层地区无疑将面临更大压力。

三是法律援助办案补贴机制亟待完善。由于业务经费保障不足，存在办案补贴标准过低、未按规定按时足额发放、缺少接待咨询和代书补贴支出等问题，严重影响了法律援助工作人员和办案律师等服务主体的工作积极性，这会影响办案质量，最终损害受援人的利益。

四是法律援助机构基础设施薄弱。许多中西部县区法律援助机构没有业务用房，多属临时租用或与其他单位合署办公，有的机构没有基本的电脑、打印机等办公、办案设备。绝大多数机构没有专门的接待场所，没能力建设临街或一层接待场所、配备无障碍通道等必要设备，无法满足残疾人、老年人等特殊对象的需求。

三、探索对策

找准了症结，抓住了关键，只是解决难题的第一步。如何破解法律援助经费面临的困难，使法律援助事业走出发展"瓶颈期"，这是我们思考的重点。作为法律援助工作司的主要负责人，我决定向三个方向发力：对上，多汇报、多请示，争取部领导对法援工作的支持；对下，集思广益，广泛征求各省（区、市）破解经费难题的意见和建议；对外，和财政部搞好组织协调，争取更多经费。经过一段时间的酝酿，我们确定要紧抓法律援助是政府责任这一主线，加强政策指导，强化组织协调，争取各级政府财政支持，努力实现法律援助工作人员有干劲、困难群众得实惠、法律援助事业发展上水平。

一是抢抓发展机遇期。党中央、国务院历来高度重视法律援助工作，这是我们解决经费问题面临的难得机遇。党的十八大提出"要加强法律援助工作"，十八届三中、四中全会明确提出完善法律援助制度，扩大援助范围。机不可失，时不再来。只有抓住时机，乘势而上，顺势而为，才能实现法律援助工作的新发展。

二是强化政府责任意识。机遇为法律援助发展提供了难得的外部环境，但更重要的还是要靠自身的责任担当。《条例》已明确各级政府部门要为法律援助提供财政支持，所以，为法律援助提供财政保障正是政府及其财政部门的责任所在。关系理顺了，责任就明晰了，就能凝聚发展法律援助工作的正能量。为强化各级政府履行法律援助工作责任，我司指导地方将法律援助经费纳入同级政府财政预算，设立省级专项资金，将省级政法转移支付资金优先保障法律援助经费支出，确保法律援助经费的源头活水。

三是强化组织协调。协调经费是一项艰难的工作，任职的八年中，我充分发扬"钉钉子"精神，利用各种资源，通过各种途径、采取多种形式和财政部沟通协调，锲而不舍地做工作，可谓是磨破了嘴、跑断了腿、操碎了心。在制定《关于完善法律援助的意见》时，有关完善经费保障体制的事项，与财政部的意见不一致，政策争取不下来，久拖不决。后来，由国务院办公厅出面，召开了双方部门处长座谈会。为争取更多优惠条件，推动事情顺利解决，我亲自去和财政部的处长谈，一项项去争取，一分钱都不放弃，最大限度地争取法律援助保障政策。

四是加强政策指导。为优化法律援助发展环境，从政策层面为法律援助工作发展提供政策支持，这几年，我司联合中央军委、最高法、最高检、公安部等部门制定下发了《关于刑事诉讼法律援助工作的规定》《关于印发〈关于加强国家赔偿法律援助工作的意见〉的通知》《关于进一步推进法律援助工作的意见》《关于进一步加强军人军属法律援助工作的意见》等文件，就减免法律援助办案费用、增加经费投入等提出具体措施。

四、实施效果

经过各级司法行政机关和法律援助机构人员的共同努力，近五年全国法律援助经费总额达到70.4亿元，其中财政拨款68亿元，年均增长15.2%。中央财政每年拨款4个亿，全国91.4%的地方将法律援助业务经费纳入财政预算，23个省（区、市）建立了省级法律援助专项资金，22个省份调整了办案补贴标准，法律援助经费保障水平明显提高。特别需要强调的是，2015年5月，习近平总书记主持召开的中央全面深化改革领导小组第十二次会议，审议通过了《关于完善法律援助制度的意见》（以下简称《意见》），并以中办、国办名义印发，这在法律援助工作发展史上是第一次。文件的一大亮点是对完善法律援助保障体制做出专门规定，提出要按照明确责任、分类负担、收支脱钩、全额保障的原则，完善法律援助经费保障体制，包括中央财政要引导地方特别是中西部地区加大对法律援助经费的投入力度，省级财政要为法律援助提供经费支持，市、县级财政将法律援助经费全部纳入同级财政预算，提高办案补贴标准，拓宽资金来源渠道等，为法律援助工作开展提供了坚实的物质基础，必将极大地推动法律援助工作发展。

【案例反思】

反思可以使领导者沉淀思想，可以使智慧升华，是再决策的基础。偶有闲暇，我会对破解法律援助经费难题做出的各项决策进行再思考、再认识，总结经验教训。

反思之一　领导决断是否善于抓住机遇，勇于借势而上、顺势而为？邓小平同志曾告诉我们，“机会要抓住，决策要及时”。习近平总书记也多次强调领导干部要增强机遇意识。机遇稍纵即逝，难能可贵。领导决断需要胆识，重在抓住时机。近年来法律援助事业之所以取得如此快速的发展，就是因为我们抓住了党中央、国

务院全面推进依法治国的大趋势，抓住了中央领导们对法律援助工作的高度重视，是良好的发展环境成就了我们今天的事业。

反思之二　分析问题是否找对了主要矛盾，解决问题是否抓住了关键？辩证法告诉我们，抓住了主要矛盾的主要方面，就能找到解决各种复杂问题的重点，进而明确主攻方向，从而做到对症下药、有的放矢。经过十多年的发展，法律援助服务民生的工作力度不断加大，法律援助覆盖面进一步扩大，但日益增长的法律援助需求和有限的法律援助提供能力成为阻碍法援事业发展的主要矛盾，而经费保障不足是产生主要矛盾的主要因素。抓住了经费这一核心，就找到了解决供需矛盾的“死穴”。

反思之三　工作思路是否适应法律援助工作发展规律，工作方法是否恰当，是否在自上而下的工作推动中达成共识？思路决定出路，思路就是出路。我们紧抓法律援助是政府责任这一主线不放松，消除误解，统一思想，达成共识，团结各部门共同推动法律援助事业发展。调查研究是领导决策的基本功，深入实际，深入基层，深入群众，多层次、多方位、多渠道地调查了解情况，使得每个制定出台的文件更科学、更民主。

反思之四　是否注重提升领导创新力，是否具备媒体沟通能力？随着司法体制改革的不断深化，对完善法律援助制度提出了新的更高要求，需要我们不断创新工作理念、工作机制和方式方法。两办发布的《意见》是在我们总结多年经验、适应全面深化改革的基础上的制度创新，是做好法律援助工作的纲领性文件。此外，为做好《意见》的宣传工作，我们统筹利用传统媒体和新媒体，以央视、央广《人民日报》《法制日报》等为主要阵地，借助司法部官网、新华网、新浪、搜狐、凤凰等网站，发挥微博、微信等新媒体优势，对围绕《意见》开展的新闻发布会、政策解读、专家访谈、座谈等集中、大规模宣传，有力提升了法律援助的知晓率，取得了良好效果。

【案例点评】

决策是领导行为的关键。决策一要顺势，案例将法律援助与党和政府全面推进依法治国的大趋势紧密结合，争取优化法律援助的政策环境，从而为推动法律援助工作起到坚实的保障作用；决策二要抓关键，案例抓住法律援助经费这个“牛鼻子”，找准了推动工作的突破口；决策三要担当，领导看准了，就要“咬定青山不放松”，抓好后面的落实工作，决策才能真正落地。

申万宏源并购重组的思考

中央汇金公司　赵海英

【案例描述】

一、相关背景

领导力是一个开放包容的概念，兼具科学性与艺术性，随着时代的演变动态发展，在实践中具有显著的个体色彩。过去两年里，我有幸参与了申万宏源并购重组这一我国证券行业迄今为止最大的并购交易，积累了一些心得体会。下面，我结合该案例谈谈我对领导力的理解。

申万宏源并购重组是中投（汇金）近年来的一项重要战略举措。该案例是中国证券行业迄今为止最大的并购交易，净资产交易规模接近400亿元。重组使两家公司强强联合、优势互补，有效化解了发展中面临的瓶颈。合并后的新公司主要业务指标居于行业前三，向系统重要性投资银行迈出了重要一步，吹响了新时期证券公司并购整合的号角，推动了资本市场的变革发展。重组很好地实现了国有资产保值、增值目标，以2015年1月26日上市首日收盘价计算，总市值较合并前增值约350%，汇金直接和间接持有的股权增值1316.5亿元。重组依托资本市场平台及市场化手段实现资源整合、提升国有资本效益，对构建以管资本为主的国资管理体制起到了良好的示范作用，对新一轮国资改革特别是金融国资改革具有标杆意义。

二、主要挑战

首先，在申万宏源并购重组的决策中，我们面临多重风险和挑战。例如，大多数研究表明，并购活动总体成功率约为50%。尤其是证券公司之间的并购重组，难度大，影响因素多，很容易失败。在申万和宏源重组之前，行业高度关注的西南证券并购国都证券案就以失败而告终。

其次，宏源证券于2013年9月遭遇"债券风险事件"，总经理胡强、副总经理周栋、债券销售交易部总经理陈智军、副总经理叶凡双等接受公安机关调查。在此背景下，并购重组存在较大的风险。一是由于宏源证券并非汇金直管企业，汇金了解不多，问题的严重程度不很清楚；二是证监会将来如何定性、处置宏源证券，难以预判；三是从公安、审计、纪检等渠道也比较难了解和预判问题的严重程度；四是宏源如果涉及机构犯罪，作为收购发起人，面临监管审核通不过的法律风险；五是新疆、上海两地政府的阻力。

最后，汇金作为一个"特殊"机构，是"输不起"的，只能成功，不能失败。

三、有利因素

在困难面前，我们没有回避退缩，而是勇于担当，敢于决断。事后看，可以说抓住了非常有利而短暂的时间窗口。

在2013年做出申万宏源并购重组决策时，我们充分研究考虑了新一轮国资体制的改革精神、新时期"一带一路"国家战略和资本市场改革发展趋势等，认为重组符合国家的需要和市场的趋势。

一是顺应国有金融资产管理体制改革方向。党的十八届三中全会就国有资产管理提出重大改革措施，包括：完善国有资产管理体制，以管资本为主加强国有资产监管，改革国有资本授权经营体制，国有资本投资运营要服务于国家战略目标等。汇金作为国家最大的国有金融资产管理平台，其改革举动对新一轮国资改革特别是金融国资改革具有标杆意义。通过申万宏源的并购重组，汇金尝试依托资本市场平台及市场化手段实现资源整合、提升国有资本效益，顺应中央改革精神，对构建以管资本为主的国资管理体制可以起到良好的示范作用。

二是顺应我国资本市场改革方向。中国已经成为世界第二大经济体，需要几家具有国际竞争力、品牌影响力和系统重要性的现代投资银行。这对于发挥领军投行引领作用、优化证券业结构、推动资本市场发展和服务实体经济具有重要意义。由于汇金控股了多家大型券商，通过重组打造系统重要性投行，汇金具有一定优势。本次重组决策充分研判考虑了资产市场改革发展的趋势，体现了前瞻性。做出重组决策七个月后，资本市场"新国九条"于2014年5月发布，将"提高证券期货服务业竞争力，促进形成若干具有国际竞争力、品牌影响力和系统重要性的现代投资银行”提升到国家战略的高度。

三是顺应新时期“一带一路”国家战略。2013 年 9—10 月期间，习近平总书记在出访期间首次提出共建“丝绸之路经济带”和“21 世纪海上丝绸之路”的倡议，“一带一路”建设逐渐成为新时期国家战略。宏源证券注册在新疆，在西北地区拥有良好的业务基础。申银万国注册在上海，位于我国资本市场前沿。两家公司整合可以大幅加强新疆和上海两地资本市场的合作交流，打通两地经济金融合作的“管道”，新疆的区域金融中心将更加开放发散。重组将嫁接新疆的产业、资源优势和上海的人才、市场和金融政策优势，助推两地经济发展，非常契合国家“一带一路”战略要求。

从 2005 年开始，汇金及子公司中国建投就参与了原银河证券、原华夏证券、原南方证券等 9 家高风险券商的救助重组。汇金参与救助的券商数量多、影响大，是券商综合治理工作的重要组成部分，为有效化解金融风险、维护资本市场稳定做出了重大贡献。入股问题券商后，汇金以公司治理为纽带，大力推动证券公司加强公司治理建设，通过重大事项的管理，使证券公司的经营管理和公司治理水平提升到一个新台阶，各家公司基本达到了可以上市的标准。近年来，汇金着力推动证券公司改制上市和做优做强，先后完成申万与国泰君安的股份置换转让，成为申万控股股东；推动新华保险 A + H 同步上市、银河证券 H 股上市；退出瑞银证券、齐鲁证券；目前正在推动中再集团和中金公司 H 股上市，推进中信建投股权转让等。经过上述工作，我们认为自身具备实施大型并购整合的能力和条件。

在重组之前，申万和宏源在发展中均面临了一定的瓶颈，汇金公司证券类资产面临“一参一控”政策的束缚，如果按照求稳的常规工作思路，这些问题难以在短期内有效解决，甚至可能延误发展时机。通过并购整合，采用创造性的思路，则可以迅速让局面改观，变危机为机遇，盘活整盘棋。一是通过整合可以实现两家公司的业务协同和强强联合。二是通过整合可以解决发展瓶颈。以“空中加油”的方式维持两家公司的经营、员工和客户稳定，证券牌照和上市地位也都保持不变。三是可以有效应对证监会“一参一控”政策。通过申万宏源并购整合，汇金将在“一参一控”问题上迈出重要一步，为未来优化对证券机构的持股战略奠定良好的基础。

在重组方案谈判协调过程中，遇到的困难远远大于预想。最大的难点在于新疆维吾尔自治区政府和上海市政府对新公司注册地、税务安排以及在重组过程中宏源和申万谁占主导地位的分歧。宏源证券是新疆本土唯一的证券公司，也是市值最大的上市公司之一，对当地的税收、就业和经济发展贡献很大，新疆维吾尔自治区政府坚持新公司注册地保留在新疆。而且，新疆属于国家政策倾斜扶持的地区，也是少数民族聚居地，有维稳的诉求。申万作为上海老牌证券公司，上海市政府非常关心这一品牌能否很好地保留，以及新公司注册地的问题。2010 年，中投公司曾与上海市政府签署协议，明确约定申万在上海的注册地保持不变。两地政府的不同诉求使重组非常棘手。

从 2013 年 11 月至 2014 年 5 月，我们与新疆政府、上海政府、证监会、财政部、交易所、申万和宏源的中小股东等方面进行了异常艰苦的谈判。公司领导和团队成员先后十次赴疆、四次赴上海，并多次拜访财政部、证监会等部委，进行反复沟通和大量协调。由于各方的利益诉求的差异，重组方案数易其稿，谈判几度僵持不下，甚至一度濒临放弃的边缘。在公司党委和董事长的坚强领导下，我们以极大的耐心和诚意，通过创造性的交易结构，与相关方进行沟通，尽可能照顾各方利益，最终取得了共识。

四、实施效果

申万宏源如此大型的并购重组，在我国证券行业是没有先例的，涉及中央汇金、中国建投、申万、宏源四个主要法人实体，关联到新疆、上海等地方政府、证监会、财政部、交易所、两家公司中小股东、债权人、干部员工等诸多利益相关方。我们通过在股东层面设立项目领导小组、在两家公司层面先后设立工作小组、协调小组并适时组建过渡时期临时党委等方式，开展了周密的组织工作，统筹兼顾对外沟通谈判、内部队伍稳定、媒体舆论管理、后续业务整合等多个方面，推动整个项目高效平稳有序推进，保障项目取得圆满成功。

为了满足新疆政府、上海政府等各方的诉求，我们突破大型金融机构合并重组惯常使用的交易结构，创造性地设计了“投资控股平台 + 证券子公司”的交易方案：申万吸收合并宏源证券并上市，新上市公司转为投资控股公司，迁址新疆，申银万国整合宏源证券的证券类资产，成立综合类证券子公司，注册地为上海。这一方案既有利于证券公司做大做强，也有利于集团公司向其他金融领域开拓，开创了证券公司并购重组的新模式。方案创造性地满足了各方诉求，是在各项现实条件约束下的最优方案，得到了地方政府、相关部门和市场的高度评价和一致认可。申银万国股东大会上，除一家股东未能联系到以外，其他股东均投出赞成票。宏源证券股东大会上，方案获得了 97% 以上的高票通过。重组方案公布后，新华社、《人民日报》、中央电视台、三大证券报、《金融时报》《华尔街日报》等国内外主流媒体均对两家公司重组及上市方案进行了报道，正面报道率高达 99%。

【案例反思】

对于申万宏源并购重组这一案例而言，之所以成功，有几个因素是十分重要的。

一、领导者的决策力

（一）卓尔有效的决策需要洞悉事物发展的深刻规律、引领或顺应时代变革潮流

在 2013 年做出申万宏源并购重组决策时，我们充分研究考虑了新一轮国资体制的改革精神、新时期“一带一路”国家战略和资本市场改革发展趋势等，认为重组符合国家的需要和市场的趋势。

（二）管理者不能拍脑袋决策、拍胸脯蛮干，不能超越自身能力范畴和外部硬性约束

汇金做出申万宏源并购重组重大战略决策，不是凭空而来的，是有底气的。在之前的多年里，汇金具备了管理证券公司股权、实施重大资本运作的丰富经验，打了许多“大仗”“硬仗”，培养了一支优秀的股权管理队伍，相关控参股证券公司在公司治理、内部管理等诸多方面也具备了整合的条件。

（三）机遇与风险总是相伴相随，管理者在进行重大决策时，既要审慎权衡，也需要当机立断，方能抓住机遇

二、创新力

随着科技变革和产业创新的加快，企业管理对创新的要求越来越高。有学者就提出：未来领导力的核心是创新。在申万宏源并购重组案例中，在工作思路和交易方案两个方面集中体现了创新。通过申万宏源的并购整合，汇金在“一参一控”问题上迈出了重要一步，为未来优化对证券机构的持股战略了奠定了良好的基础。

三、执行力

执行力是领导力落地的保障。保密是重组能否成功的关键之一，如果保密没有做到位，可能引发内幕交易，导致监管机构质疑并影响重组顺利进行。汇金在重组中坚持把依法合规作为工作生命线，严格保密要求。宏源股价在停牌前未出现异常

波动，相关工作得到了市场投资者和监管机构的高度认可。

四、组织力

组织力是执行力的重要保障。组织力侧重于统一各方认识、调动内外积极性、推动整合各项资源、共同实现决策目标，这对于复杂项目来说非常重要。举例来说，在重组合并过程中，我们非常注重员工的利益诉求，与员工积极沟通，做好员工的安稳工作。因此，两家公司员工非常理解和支持重组工作，业务、客户、人员保持稳定，未产生重大负面事件。

【案例点评】

决策力是领导力的首要内涵。对于领导者而言，要努力追求高水平的决策。在决策中，一要注重决策的高度，要能够认识、适应甚至引领事物发展的内在规律。二要看决策的底气。决策要求领导者要有胆识，但不等于“傻大胆”，不能超越组织以及自身能力范畴和外在条件的约束。三要看决策的魄力。“当断不断，反受其乱”，领导者既要充分“谋”，也要及时“断”。

打好辽宁旅游产业发展的“翻身仗”

辽宁省旅游局　郝春荣

【案例描述】

一、相关背景

推动产业发展，是辽宁旅游适应新常态的必然选择。本人于 2014 年 4 月被任命到辽宁省旅游局担任局长兼党组书记。到任伊始，分管副省长给了我一个重要任务——召开全省旅游产业发展大会，并且强调这次会议必须开好，出台一个含金量高的产业扶持政策；甚至批评省旅游局已经七年没有开成一次全省旅游产业大会了，错过了全国旅游产业发展的第一轮黄金机遇期，要求必须高度重视，将其作为全年工作的重中之重，必须在年底前完成任务。

二、问题挑战

开一次全省行业会议并不难，甚至属于例行工作。为什么分管副省长如此重视？为什么七年没开成？开会是形式，真正的目的是要拿出一个含金量高的政策，政策可以参考国家和兄弟省市。这些看似很简单的任务为什么省旅游局一直没有执行呢？难点究竟在哪里呢？

带着任务回到局里，我将其列入全年的重点工作，班子成员及主要处室负责人都没有提出太多异议，似乎一切比想象的要顺利。然而，在具体工作推进中，我逐步发现了重重困难。

第一，省局内部干部职工畏难情绪比较严重。主要的理由就是旅游局要制定政策没有抓手，既没有土地指标审批权，也没有项目立项权，缺少项目补贴资金，基本拿不出像样的政策。同时提出调研不充分、时间紧、来不及筹备等一系列困难。

第二，部分省直属部门对旅游政策推诿扯皮。以前关于温泉旅游也出台过政策，经过相关部门征求意见之后，有价值的内容基本都被删掉了，剩下的大多是空话和套话，既没有含金量也不具备可执行性。政策初稿征求意见和任务分解过程中，也出现过要求删除本单位或者由牵头变为配合等现象。

第三，市、县旅游局大都处于消极旁观状态。省旅游局开会或者下基层调研的时候，整个旅游系统作风比较散漫，干劲不强，遇事推诿搪塞现象时有发生。由于长期在地方各部门中处于弱势地位，加之省旅游局对地方旅游局支持不力，大多数市、县旅游局对省旅游局没有归属感，导致对这次政策出台基本不抱有太大希望，基本处于消极怠工、冷眼旁观的状态。

三、应对思路

第一，激活机关干部职工干事创业的激情。事物发展变化关键在于内因，越是困难矛盾突出的地方，一旦突破就会收到事半功倍的效果。所以，我主要采取了三个举措来激活内部。

一是经过一段时间的调研和思考，与分管副省长深入沟通，提出了“三个转变”的工作新思路，即由旅游行业管理向旅游产业发展转变，由旅游客源地向旅游目的地转变，由观光旅游向观光休闲度假综合旅游转变。工作思路的转变，为机关干部指明了工作努力的方向和原则，让全省旅游系统为之振奋，旅游局终于可以从边缘部门光明正大地进入经济工作的主战场，有效地调动了机关干部干事创业的激情。

二是跟编办沟通，调整内部处室和职能分工。合并了原来的国际和国内宣传处，组建市场开发处；调整原有处室，组建了产业一处、产业二处和旅游规划处。围绕旅游产业发展明确了新的职能分工和定位，并对部分中层干部进行了轮岗和调整，集中强化了产业一处和市场开发处的人员配备，为促进产业发展奠定良好基础。

三是从外单位补充进来几名干部，充实到关键岗位。其中，为了更好地完成旅游产业发展政策制定，专门从省政府发展研究中心借调了战略处副处长，其博士学位，拥有多年企业和政府政策咨询研究工作经历，发挥其经济理论功底和战略思维优势，配合局党组及办公室，仅用了两个月的时间，便完成了《辽宁省人民政府关于促进旅游产业改革发展的实施意见》的起草，并得到了分管副省长的认可。

第二，亲自带队、主动对接相关部门调研政策资源。针对旅游局相对弱势、各厅局不够重视的问题，本人亲自带领政策起草组同志，主动联系拜访关键厅局，发动以前分管农口工作的人脉关系，积极对接相关厅局涉旅政策。此项举措收效很大，由于各厅局主要负责人纷纷出面召开座谈会，大都表现出积极配合的姿态，不仅对具体政策可以当面拍板确定，也为接下来的争取意见奠定了良好的基础。

第三，从人大、政协入手，全面优化旅游产业发展环境。2014 年 11 月，省人大常委会听取了省政府关于全省旅游产业发展情况的专题工作报告，组织了八个相关部门召开专题联组会议，并开展电视直播问询活动，在全社会引发广泛关注。这是省人大第一次听取旅游产业发展报告，分管副省长非常重视，答辩之后的表态发言得到了人大代表的高度认可，也向全社会传达了发展旅游产业的决心和信心。会后，省人大通过了《关于加快我省旅游产业发展的决议》，并直送省政府，要求督办落实。省政协围绕旅游产业发展议题先后三次召开专题协商会议，为旅游产业发展建言献策。上述这些举措为全省旅游产业发展大会的召开，以及产业扶持政策的出台营造了良好的舆论环境，有效地推进了旅游产业相关政策的实施。

第四，利用基层调研的时机，调动各市、县旅游局发展旅游产业积极性。各市、县旅游工作是省旅游局工作的出发点和落脚点，全省旅游工作的重心要逐步下移，充分调动起各市、县旅游系统的积极性极其重要。为此，本人主要采取了以下三个举措。一是从省本级财政预算中单列出 3000 万元，用于奖励各市旅游局。二是建立省市县联动、政企联合的宣传营销体系。三是说服旅游重点市、县成立旅游发展委员会。抓住一切与市委书记、市长沟通的机会，介绍旅游产业发展的重要性，推动旅游管理体制的改革创新。截至目前，全省 14 个市中已经有鞍山、抚顺、本溪、丹东、锦州、盘锦、铁岭、葫芦岛八市正式升格成立旅游发展委员会，阜新、朝阳等市也正在审批中，宽甸等一大批县（市、区）也组建或正在组建旅发委。

第五，坚持问题导向和民主决策，推动旅游产业政策出台。本人亲自主持重点旅游市、县旅游局长座谈会，坚持问题导向，坚持重心下移，坚持改革创新。在座谈会上各位局长畅所欲言，意见和建议均被写进了最终印发的《辽宁省人民政府关于促进旅游产业改革发展的实施意见》。

四、实施成效

12 月 29 日，召开了全省旅游产业发展大会，李希省长和国家旅游局副局长吴文学出席会议并做了重要讲话。之前，省政府在两次常务会议上研究旅游产业发展工作，李希省长对旅游产业发展做出“旅游产业要乘势而上，在辽宁全面振兴中发挥更大作为”的重要批示。会议明确，到2020年把旅游产业发展为全省国民经济的战略性、支柱性产业，使辽宁成为具有国际影响力的旅游目的地和建设旅游强省的奋斗目标。李希省长在会议上几乎脱稿讲了近一个小时，从辽宁旅游产业发展的战略定位，到分析辽宁建设旅游强省具备的综合条件，以及旅游产业发展的保障措施。《辽宁省人民政府关于促进旅游产业改革发展的实施意见》出台，旅游产业被省委省政府明确为新常态下具有战略意义的新增长点，这一战略决策为我省旅游产业改革发展提供了重要的政策保障。

会后，省旅游局会同省政府督察室编制印发了《辽宁省人民政府关于促进旅游产业改革发展的实施意见》（以下简称《实施意见》）和李希省长在全省旅游产业发展大会上的讲话重点任务分解表。并要求各部门各市每月报动态、每季度报工作进展，定期联合相关部门开展督查，为贯彻落实《实施意见》建立了良好的工作推进机制。

各市积极响应，纷纷召开市级旅游产业发展大会，升格管理机构、增加编制和财政预算等促进旅游产业发展的浪潮此起彼伏。沈阳市一次性将旅游专项经费由1000万元增加到1亿元，浑南新区新设立了旅游局；葫芦岛要求各县区都要成立旅发委，提出打造“印象袁崇焕”“海上比基尼”两台旅游大戏，准备挤进辽宁旅游第一集团；朝阳提出要申请建设辽宁文化旅游试验区，等等。至此，全省旅游产业改革发展呈现出前所未有的趋势，各项涉旅政策积极向旅游产业倾斜，推动旅游产业发展的政策合力基本形成。

【案例反思】

全省旅游产业大会顺利如期召开了，产业政策（《辽宁省人民政府关于促进旅游产业改革发展的实施意见》）已经印发，任务分工也已经顺利下发，基本完成了预定目标。分管副省长在总结会上给出了“省政府对旅游局的工作十分满意”的肯定性评价。经过认真反思，总结如下。

一、任务完成存在的不足

1. 由于事先沟通不足，此次全省旅游产业发展大会没有请到省委书记。主要原因是时间预留不足，加上本人与省委沟通不到位，鉴于希望年前召开，按照分管副省长的意见，就没有向省委及书记汇报。

2. 任务分解时与省政府督察室联合，最后以“辽政督办”名义下发任务分解表，故旅游产业涉及的省委宣传部等部门的任务无法一并下发，只能采取一事一议的方式，单独与省委宣传部进行沟通。

3. 部分任务分解时仅依赖文件来往，沟通还是不够充分。比如食药监局在征求意见回复函中明确无意见，但当任务分解书下发之后，却提出了关于旅游安全工作他们应该重点参与。究其原因是，回复征求意见函与食安办是不同分管领导，在食药监局内部沟通上存在问题。尽管旅游局不应为此事承担主要责任，但是对于推动工作确实存在缺憾。文件往来应当多注意与相关部门甚至业务处室的充分沟通，为旅游产业发展提供更加全面的政策保障。

二、如何发挥领导力

领导力是指领导者基础素质、思维方式、实践经验，以及领导方法技巧的把握程度，是在实施领导行为过程中体现出来的综合能力。领导力是激发人的能量并将人们的能量转化为行动的影响力。领导力的实质即影响力，是领导者凭借个人的魅力、声望、修养等内在素质去影响组织成员，引导他们全力以赴完成组织既定目标的能力。总结上述案例，依据领导力理论，主要有以下几个方面值得借鉴。

（一）科学民主地用好硬权力

硬权力是组织职位带给领导者的权力。在旅游局长兼党组书记的职位上，只要坚持民主集中制，大事通过党组会议的科学决策，就能够很好地凝聚党组成员力量，充分调动干部职工的工作热情，用愿景引导着大家前进，不断提升个人的影响力。上述案例中提出的三个转变就是一种愿景，岗位轮换、职能分工调整、引进新生力量都是硬权力的体现。但是硬权力一定要在组织原则范围内科学行使，注意配合授权和分权，否则看似一把手个人权威建立起来了，如果党组成员及其他干部内心不服也容易引起反弹。硬权力有利于提高执行力，但只能是巩固领导力的基础，必须辅以领导者的感召力、前瞻力、影响力、决断力、控制力，才能够构建以人格魅力为核心的领导权威，才能够支撑领导力的执行效果。

（二）统筹谋划借势人大构筑合力

事物的发展是普遍联系、相互影响的。旅游产业的发展牵涉面广，政策整合比较复杂。必须抓住主要矛盾，突出重点，统筹谋划，构筑产业发展合力。人大是上述案例中的一个关键点，通过人大的立法权和监督权，从旅游产业发展的问题导向出发，坚持实事求是，顺藤摸瓜，集聚了旅游产业发展最关键的几个部门：财政、发改、交通、文化、服务业、农业、林业、环保等，通过人大的专题问询，形成共同体和联盟，协商解决旅游产业发展中的问题，加强了沟通与合作，为全省旅游产业发展领导小组会议的召开奠定了重要基础，为旅游产业政策的编制提供了合作依据，人大决议更是为旅游产业发展目标提供了方向和路径。人大提供政策依据，政协提供舆论导向，产业领导小组会议明确责任，全省产业发展大会颁布政策，这是一条环环相扣的工作推进链条，也是一项统筹谋划的系统工程，过程确实曲折漫长，结果令人欣慰自豪。

【案例点评】

决策是否能够抓准定位很重要。案例中，定位于将旅游产业发展为全省国民经济的战略性、支柱性产业的目标，使得团队成员明确了努力方向和原则，提振了人心，也赢得了领导的认可和支持。决策形成乃至落实还要善于借力，案例中，充分发挥人大、政协、产业领导小组等的作用，最终形成了工作中的合力。

从巨额亏损到实现盈利的崇左糖业

中粮屯河股份有限公司　李风春

【案例描述】

一、案例背景

2011 年 3 月，我时任中粮屯河股份有限公司的副总经理，主管公司的战略发展。我们在广西崇左市报批了一个投资 10 亿元、日加工 1 万吨甘蔗的食糖生产加工项目。该项目建成后应该是国内自动化程度最高、品质最高、产品线最为丰富、最有竞争优势的一个食糖企业，企业的名称是中粮崇左糖业有限公司，简称崇左糖业，是中粮屯河下属的子公司。

为了赶工期，当年建厂，次年的 2 月就开始调试生产了，历经了 2012 年的生产磨合，2013 年生产相对稳定，但是经营的结果却是亏损 4000 多万元。考虑到工厂刚刚建成，还有诸多的不顺，加之当时的市场行情不是太景气，亏损也是可以谅解的，我们寄希望于下一年能够扭亏。

然而到了 2014 年 4 月底，财务报表显示崇左糖业亏损 3400 多万元。那时我已经是中粮屯河的总经理，背负着经营业绩的压力，我有点儿坐不住了。我开始到基层了解经营情况。首先问了销售经理亏损的原因，他一脸委屈地说，总经理经营思路有问题，生产和销售脱节，市场需要的优级糖没生产出来，生产出来的赤砂糖市场容量小，卖不出去，积压结块，还影响质量，如果继续下去，年底会亏损到 8000 万元。

我听完倒吸一口凉气，紧接着又去了解原料情况和生产情况，组织中层以上人员开会汇报交流。在交流研讨时又发现了原料和生产方面的问题更多，生产成本要比同行其他工厂高出1000元/吨。从表面上看，市场不景气、销售价格低、原料收购价格高、管理费用偏大等因素致使成本过高，公司亏损，但是究其深层次的原因，我觉得有以下几个核心问题：第一，总经理没有系统思考问题，决策失误，用高价收购原料，导致原料成本费用过高，而且一意孤行，不能接受他人的意见。第二，总经理脱离基层，很少到车间去，生产线上的设备问题得不到解决，运转率低，浪费大。第三，管理浮在面上，员工没有凝聚力，各个环节都有跑冒滴漏现象，最后都表现在成本上。第四，产销脱节，没有从市场角度出发，而是从个人的判断做决定，生产的赤砂糖不能及时实现销售，结果造成产品积压、结块报废。第五，在激励人心方面，重考核、轻激励，团队之间没有建立信任感，没有真正把绩效和收入挂起钩来，忽视了团队的力量。

由于公司一把手这种传统的思维方式缺少了学习和变革意识，造成领导力缺失，员工积极性受损，团队丧失战斗力，致使当年崇左糖业亏损9000多万元。这个总经理是刚恢复高考第三年就考上大学学制糖专业的本科生，在糖厂工作了二十多年，论学历、专业、工作经验都应该没问题，过去担任过糖厂总经理也在十年以上，但是那是个传统的小糖厂，如今面对一个全新的、管理要求较高的、规模更大的糖厂，加上修身和谋事不够严谨，能力上就略显不足。

二、问题与挑战

这是一个典型的领导力不足、职不配位的情况，最后我决定换掉这个总经理。但是，我也不是没有顾虑。

第一，时至年末，产季来临。糖厂的特点是季产年销，每年只有12月到次年3月底不足四个月的生产期，战前换将这是兵家大忌。

第二，不同意见。有人认为，他过去在其他糖厂担任总经理干得不错，是因为这个工厂刚建好，难度大，还需要磨合。有人认为，工厂马上要开机生产了，再换一个总经理也是新手，未必能经营好。也有人认为，这么好的工厂经营亏损纯属一把手的能力问题。

在众说纷纭的情况下，我考虑2014年的亏损已成定局，如果2015年这个产季继续维持现状，生产失败了就等于明年一年都失败了，公司将会再次承担巨额亏损。最后，我还是当机立断，于2014年8月底撤掉了崇左糖业公司的总经理，新换了一位能力较强的总经理上任。

三、探索对策

调整之后，新任总经理带领班子成员，通过深入调研、认真分析，确定公司战略定位，及时纠偏，叫停赤砂糖项目、改善财务管理体系、创新激励机制等措施将崇左糖业发展拉入正常运营的轨道。

（一）深入基层、全面了解

领导重在决策，决策之前要充分发扬民主，深入基层实际进行调查研究，多听基层的意见。崇左糖业新任总经理第一时间分别到各部门、各生产车间召集座谈会议，认真听取各位员工的诉求和对公司发展的建议，历时一个月，收集意见一百多条，并进行归类整理，从中发现公司存在言路闭塞、成本意识淡薄、财务体系不健全等问题。对需要改进之处张榜公布改进方案，按时间节点通报办理情况，大大提高了员工工作的积极性和工作热情。

（二）"打铁还需自身硬"

领导决策要求领导干部必须具备战略思维、法治思维、创新思维、系统思维、历史思维、辩证思维和底线思维，坚持问题导向，一切从实际出发。崇左糖业成本已然成为制约公司效益的瓶颈，如何改变？新任总经理首先从原料入手，转变思维，摒弃一味地追求"量"的做法，通过财务成本测算，划定原料收购的区域范围，即以工厂为圆心、以50公里运距为半径的圆内做好原料收购工作。创新思路，将距离工厂较远的蔗区与其他湘桂糖厂进行置换，节约运输成本，实现双赢。

作为领导者，提高领导力需要修炼三德，即仁德、智德和勇德，强调转作风、增能力、勇担当。正所谓"大事难事看担当，逆境顺境看襟度"。崇左糖业总经理率先垂范，转变工作作风，每日不定时巡检工厂及各生产车间，发现问题及时整改，并将公司班子成员带队检查纳入月度日常工作，在生产期时更是要求由公司班子、部门领导、车间班组进行"三班倒"监督检查现场生产情况，逐步形成领导与员工同甘共苦、领导与员工同在的氛围。2015年春节期间，正值工厂生产期，崇左糖业总经理打破"领导休息，员工坚守一线"的传统做法，与员工一起在车间度过除夕之夜，改变了领导在员工心中"高高在上"的印象，让员工深受感动，从而焕发出了更好的精神面貌，以饱满的热情投入到工作中。

（三）简政放权，责任到人

唯物辩证法告诉我们，事物的主要矛盾决定事物的性质和发展方向，只有抓住了主要矛盾和矛盾的主要方面，才能找到解决各种复杂问题的重点。作为领导者要胸怀大局，把握大势，注重抓事关全局、事关长远发展的紧要问题，而不是事必躬亲，要学会放权，同时要建立科学的运作流程、规范的制度，以确保团队按部就班地各司其职，各项生产经营活动井然有序进行。

崇左糖业作为一个生产加工型企业，原料是根基，原料收购团队被称作是“冲锋队”，就好比是驻守在前沿阵地的部队，随着外部环境的瞬息万变而时刻准备战斗。如果事事都请示，不仅会降低效率，而且还会减少大家的责任意识，因此经过组织架构调整，简政放权、责任到人，实现责权利相匹配，领导只抓关键点，通过财务测算生产成本，制定原料工作标准为“收购原料 100 万吨，运费成本 34 元/吨，管理费用9. 74 元/吨”。公司总经理充分授权给原料管理团队，在标准可控范围内，各事项由分管原料工作的领导做决策，实现人人想成本、人人有担子，从而提高工作效率。

（四）调整考核，有效激励

习近平总书记强调：“越是处于改革攻坚期，越需要汇聚众智、增强合力；越是处于发展关键期，越需要凝聚人心、众志成城”。领导重在用人，用人重在激励以形成战斗力，激励旨在凝聚以形成凝聚力。因此，崇左糖业以成本为导向，重新制定考核制度，将各部门的考核与成本挂钩，生产期每旬考核，检修期则每月考核，同时要求各部门严格制定费用预算，按照零库存的原则进行招标采购，分解公司费用至各部门、车间再到各班组，最后到每一位员工，每月张榜公示各部门费用，从而上下同欲，以控制成本为己任。

崇左糖业推崇利润导向价值观，实行多劳多得，奖罚分明，调整一线员工的薪资标准。同时创新激励办法，按照“先短期激励、后长期激励”的逻辑，在公司薪酬总额不变的情况下，缩短发放周期，在过程中激励，即在生产期，按旬发放奖金，个别达到生产奖励标准时，当日兑现，确保激励的连贯性和及时性，赢得了员工的赞同，提升了团队的凝聚力。

（五）敢于决策，勇于创新

领导者还需具备敢于挑战现状的胆识和魄力，敢于决策和创新。一个一成不变的企业在竞争中是不会成功的。崇左糖业榨季时需要招聘临时工 300 多人，但为了降低人工费用，公司大胆创新改革，鼓励各生产车间精减人员，节余的临时工成本由车间和公司按照三七比例分成；考虑到原料蔗区划定不均，距离远近不一，公司鼓励员工想办法创新，提出“运输费用节余 1 元，奖励原料员 0. 4 元”；对仓储管理这样的关键岗位改由公司正式工担任。诸如此类的创举，大大鼓舞了员工的士气，提高了员工的自信和团队的作战能力。

这个生产榨季期间，我多次前往工厂与大家一起交流讨论解决方案，协调生产和销售之间、职能和业务之间的难题，信任团队，鼓励团队，让他们充分展示自己的才能。2015 年 5 月，崇左糖业传来喜讯，公司盈利了。此后的几个月都在盈利，时至今日，已经完全走出了巨额亏损的阴影。

四、工作成效

两年的时间，崇左糖业还是原来的生产设备，依然面对低迷的食糖市场，还是原来的员工，但是因为总经理调整，领导人的更换，带动全员坚持业绩导向、深挖内潜，实现降本增效，2014/2015 产季年生产成本节约 900 多元/吨，使得处于生死存亡边缘的企业起死回生，创造了扭亏为盈的奇迹。

【案例反思】

一、领导力的提升要做好“人”的工作，这对企业发展至关重要

究其根源可以发现，无论是创新改革、调整考核制度、过程激励，还是领导者深入基层听取群众的心声，其领导力都是基于人性的。在企业管理和发展中，人是关键因素，因此，领导力的提升还是要做好“人”的工作，正如中粮的核心价值观所说的“人在上”。在中粮，“人”被放在最重要的位置，战略的起点是“客户”，投资的起点是“股东”，管理的起点是“员工”。

二、领导力不是天生注定的，领导力是可以学习的

领导力就是在实践中人们能看到的有效的一系列技巧和能力。对于领导者来说，自我反省是不可或缺的，最好的领导者也是最好的学习者。崇左糖业之前的总经理过去也很优秀，但是随着年龄增长，故步自封、不思进取，最后就是刚愎自用、失误连连。崇左糖业的案例也时时让我反思，当一个领导，最重要的还是要沉下心，要有调查研究，要掌握第一手信息，只有这样你的决策才会是有效的、正确的。

中粮的经理人也将此作为工作准则，付诸实践。不断加强领导的修炼，关键是“以身作则”。因为领导他人所需要的权力和尊重，是领导者通过以身作则来赢得的，人们追随的首先是人，而不是计划，也就是“身教”往往比“言传”更为有效。

当前的经济发展充满了挑战性，成长型企业力求突破成长瓶颈，成熟型企业期

望实现基业长青。无论是前者还是后者，领导力都是决定性的因素，唯有以时不我待的精神，一刻不停地增强本领，才能不断提高领导力。领导者只有不断地学习，才能解放思想、实现突破，也只有不断进取，才能够放飞梦想、展望未来！

【案例点评】

用人是领导工作中的大决策。领导用人，首先要“知人”，“用人难，知人更难”，要知道下属的长处和短处，然后才能做到“善任”。案例中果断地临阵换将，就是“知人”的结果。领导用人，还要“信人”，着眼于人的长处，将其放在合适的位置上，在实践中进行锻炼。

此外，领导还要注重“育人”，即通过授权给下属提供一个锻炼的机会，有利于培养干部，也可以加强下属的责任心，增进工作效率。当然，授权并非意味着不要督导，案例中，领导多次去工厂与大家一起交流讨论就是信任基础上的督导。

案例五

知人善任是基本功

中共海南省委组织部　李　萍

【案例描述】

一、相关背景

海南正处在全面建设国际旅游岛、争创中国特色社会主义实践范例的关键阶段，迫切需要一大批高素质干部人才引领支撑。然而长期以来，由于海南地域面积较小，各项事业发展基础薄弱，属于经济欠发达地区，对人才的吸引力不强，高层次人才特别是知名专家教授、优秀职业经理人等相对稀缺，导致在配备省属企事业单位领导班子时经常会遇到无将可用的情况。

如何紧扣全省改革发展大局，选准、用好事业发展需要的好干部，这是干部工作的当务之急。同时，中央新修订的《干部任用条例》作为干部选拔任用工作的总章程，对干部选拔任用的基本原则、标准条件、程序方法和纪律要求等做了全面的改进完善，在从严选拔、从严把关、严肃纪律、严格监督等方面提出了一系列新要求。

2014 年，海南大学领导班子出缺一名副校长。海南大学是海南省唯一的一所 211 工程高校，在海南省高等教育事业发展中的地位举足轻重，如何选优配强这名副校长，并通过干部配备提升海南大学领导班子的整体功能，社会各方面都十分关注。

2015 年年初，海南高速公路股份有限公司董事长、党委书记出缺。海南高速公路股份有限公司是海南省重点国有企业，是一家上市公司，实际控制人是海南省国资委，主要从事交通和房地产领域的资本和项目运作。

然而省属企事业单位不属于公务员单位和参照公务员管理单位，在领导班子成员选拔任用的具体工作中，既要按照新条例有关要求严格履行干部选人程序，又要充分考虑省属高校、省属企业的自身特点，需要进一步研究探索。如何选拔一名综合素质高、领导能力强、社会各方面均比较认可的公司一把手，对我们的工作提出了挑战。

二、基本思路

为政之要，首在用人。用人是领导者的重要职责，也是领导力的重要体现。近两年来，作为分管省属企事业单位干部工作的部领导，我带领有关干部处室，认真执行新修订的《干部任用条例》，坚持好干部标准，严格把好选人用人关，切实加强省属企事业单位领导班子建设，努力提高干部工作科学化水平。

（一）选配海南大学副校长

为了全方位掌握海南大学领导班子和干部个人的情况，我与有关干部处室的同志首先对现任领导班子开展了综合分析研判。通过分析研判了解到，海南大学现任领导班子成员中，理工科专业背景的干部较多，文法科专业背景的干部较少；熟悉教学科研、行政管理的干部较多，熟悉学科建设的干部较少。因此，为了进一步优化领导班子结构，我们认为应该侧重选拔综合素质较高、熟悉学科建设、具有文法科专业背景和一定学术影响力的副校长。

确定拟任人选方向后，我对有关干部处室的同志提出要求，不要在办公室翻名册、等人才，要走出去、扑下身，深入一线找干部、觅人才，广泛听取各方面意见。我带领由省委组织部、省委教育工委、省教育厅联合组成的专题调研组，先后深入10所省属高校，与干部谈话227人次，放开条件让大家举荐人才，把高校人才储备翻了个遍，实实在在地发现了一批综合素质较高、具有培养潜力的优秀干部。

经过对调研中发现的优秀干部进行分类梳理，按照海南大学副校长的人选条件，提出五名初步人选。这五名初步人选，既有海南大学二级学院的院长，也有其他高校的专家教授。随后，又对五名初步人选的德才表现、业务素养、学术地位、工作履历、科研成果等指标进行深入全面比选，努力找出最合适的干部。

经过深入全面比选，海南大学法学院院长××同志进入了我们的视野。这位同志德才素质较高，法学功底扎实，善于抓学科建设，群众基础较好，注意廉洁自律，其领导的海南大学法学院近年来科研成果丰硕，获批海南历史上第一个法学博士点，在全国法学院的综合排名大幅攀升，他本人被教育部授予全国模范教师称号、被全国总工会授予全国五一劳动奖章，是海南大学副校长最合适的人选。据此，我们把××同志作为重点人选，向省委提出配备建议，得到省委的认可。

××同志担任海南大学副校长、党委委员以后，充分发挥其自身优势，在海南大学学科建设以及处理对外法律事务等方面发挥了重要作用，从整体上提升了海南大学领导班子的领导力，得到了学校教职员工和社会各方面的高度评价。

（二）选配海南高速公路股份有限公司董事长、党委书记

我首先要求有关干部处室对海南高速公路股份有限公司董事长、党委书记这个职位进行分析研判，并综合考虑海南高速公路股份有限公司业务发展和改革方向，明确拟任人选的资格条件：德才素质好，敢于担当（主要考虑公司面临的实际困难），熟悉企业经营管理，擅长资本和项目运作（主要考虑公司的主营业务和商业模式），符合相关法律政策规定（主要考虑上市公司法人治理结构），最好具有海南国资背景（主要考虑公司实际控制人利益）。

随后，我带领专题调研组并会同省国资委深入省属企业、金融机构开展专题调研，广泛听取各方面意见建议，扩大范围寻找优秀职业经理人。同时，结合开展深入整治庸懒散奢贪“不干事，不担事”突出问题专项督查，以及2014年度省委省政府重点工作、重点项目完成落实情况，深入、翔实、准确评价各省属企业、金融机构的经营管理情况、班子整体效能以及班子成员现实表现，从中发现优秀人才。

通过对调研中发现的优秀职业经理人进行分类梳理，按照海南高速公路股份有限公司董事长、党委书记的人选条件，提出三名初步人选。这三名初步人选，既有海南高速公路股份有限公司的总经理，也有其他省属企业、金融机构的领导人员。接下来，调研组对三名初步人选的德才表现、担当精神、经营管理能力、工作履历、廉政情况等指标进行深入全面比选，努力找出最合适的干部。

经过深入全面比选，调研组发现，海南联合资产管理公司总经理、党委副书记，海南省国际信托投资公司党委书记××同志熟悉企业经营管理，资本运作和项目管理工作经验丰富，有较强的担当精神和开拓创新意识，善于把握市场经济规律，注重从战略高度考虑企业发展，团结带领一班人把海南联合资产管理公司由单一从事金融不良资产的承接、管理和处置业务，转型为投资与资产管理、金融服务、房地产与酒店开发等多元化经营的集团公司，并取得较高的经济效益和净资产收益率。此外，他具有海南国资背景，任职条件符合相关法律政策规定，是海南高速公路股份有限公司董事长、党委书记的最合适人选。据此，我们把××同志作为重点人选，向省委提出配备建议，得到省委的认可。

××同志担任海南高速公路股份有限公司党委书记，提名为公司董事长人选，从整体上提升了海南高速公路股份有限公司领导班子的领导力，得到了海南国资国企系统和广大股民的充分肯定。

【案例反思】

第一，领导者要增强服务大局的观念。这是做好领导工作的基本要求。不谋全局者，不足以谋一域。正如习近平总书记所说的，领导干部要做到正确认识大局、自觉服从大局、坚决维护大局。一个领导者，要强化战略思维，要胸怀大局、把握大势、着眼大事，把工作放到大局中去思考、定位、摆布。选人用人是为党的政治路线服务的。选配干部，就是要坚持按照省委省政府中心工作需要，围绕服务大局来选好、用好。海南大学和海南高速公路股份有限公司都是省里的重点企事业单位，在全省经济社会发展中扮演着重要角色。我带领工作团队着眼于服务全面推进国际旅游岛建设的大局，加强对干部人才宏观统筹和优化配置，分类提出人选配备要求，依据岗位职责配齐配强领导班子。因此，选配海南大学的副校长，关键在于选配一名综合素质较高的学科带头人，增强班子综合能力，推动省属高校内涵式发展；选配海南高速公路股份有限公司的一把手，关键在于选配一名善于资本运作的企业经营管理者，能够领导省属国有企业科学发展，提高经营效益。选人用人围绕中心、服务大局，就是要把优秀干部选拔到党和国家事业中来，把人才优势转化为推动事业发展的优势。

第二，领导者要提高调查研究的能力。选人用人首先是要熟悉干部、了解干部，全方位掌握干部的情况。察人识人，历来不易，是选人用人工作中的难点。而解决这一难题的基本途径，就是深入开展调查研究，掌握实情。这是实现科学决策、民主决策的重要工作方法，是谋事之基、成事之道。为解决长期以来被动考察干部、静态管理干部的突出问题，我带领工作团队主动深入省属企事业单位调研，加强班子分析研判，及时跟踪了解班子运行情况、干部履职状态。我坚持把考察识别干部的功夫下在平时，在重大事件、急难险重任务中了解干部，在专项考核、街谈巷议中了解干部。在海南大学和海南高速公路股份公司领导班子选配中，我要求工作团队主动开展研判工作，了解掌握班子情况，在选人用人中体现看平时、重一贯的要求。同时，坚持扩大选人用人视野，主动找干部、觅人才，广泛听取各方面意见，对干部资源做到心中有数、了然于胸，为选人用人提供有力支撑。

第三，领导者要提升运用政策的水平。新修订的《干部任用条例》是加强领导班子和干部队伍建设的基本遵循，也是从源头上预防和治理选人用人不正之风的有力武器。作为肩负选人用人职责的领导干部，只有对新条例深入钻研，准确掌握政策规定，不断提高运用政策的能力，才能成为选人用人工作的行家里手、内行领导。我带领分管的干部处室，坚持学用结合，做到既掌握实体性要求、又掌握程序性要求，既明白能干什么、又明白不能干什么，确保选拔任用要求更明确、程序更细致、权力更透明、责任更清晰。海南高速公路股份公司一把手选配，始终是紧扣新条例，统筹考虑，把党管干部原则与依法办事原则结合起来，突出上市公司、公众公司特点，既考虑大股东利益，又注重广大股民的认可度，使新条例的制度生命力得到充分发挥。

第四，领导者要恪守公道正派的品格。这是组工干部最鲜明的职业特征，是立身之本、履职之要。在新的历史时期，选人用人的环境更加复杂、考验更加严峻。要为党和人民把好选人用人关，必须牢牢把握公道正派这条“生命线”，坚持五湖四海、唯贤是举，做到公道待人、公平识人、公正用人。实践证明，只要出于公心选干部、用干部，就能得到群众的认可，提高选人用人的公信度。具体来讲，就是坚持标准条件，严格程序步骤，严把关键环节，严守纪律要求，坚决不搞例外，严禁随意变通，不打“擦边球”，坚决防止干部“带病提拔”；坚持历史、发展、辩证地评价干部，真实反映干部的情况，为坚持原则的干部说公道话；坚持全面必选，好中选优，选用德才素质更好、更适合岗位需求的干部。海南大学和海南高速公路股份有限公司的班子选配，得到了社会各方面的高度认可，也体现了省委正确的用人导向。

第五，领导者要强化敢于担当的意识。担当大小，体现着领导干部的胸怀、勇气、责任。作为组织部门的领导，担负着选人用人的重大职责，一定要责任在心、担当在肩、敢为人先、破浪前行，遇事不推诿、不退避。敢于担当的一个重要方面是要严把选人用人关。实践证明，在选人用人上，一定要当好“鉴别师”“守门员”，坚定执行党的干部路线和选人用人标准、原则、程序，从全省高等教育和省属重点企业发展的实际需要出发，注重选拔那些心无旁骛干工作、扛事顶硬抓落实、敢冲敢当破难题、敢于担当的干部，那些对群众感情真挚、深得群众拥护的干部，那些对上对下都实实在在、不玩虚招的干部，那些清正廉洁、公众形象好的干部。同时，对干部存在的问题，要勇于指出、勇于批评、勇于解决，决不能捂着盖着、当老好人。做到敢于担当，关键是要自觉消除私心杂念，坚持党的原则第一、党的事业第一、人民利益第一。

【案例点评】

选人用人的决策能力是组工干部领导力的重要体现。领导者一要注重加强调查研究，这是识人的前提，决策的基础；二要扩大视野，对干部资源了然于胸，为决策做好储备；三要围绕大局，这是决策的依据；四要敢于担当，做好“鉴别师”和“守门员”，确保用人决策的质量。

团队建设

案例一

坚定信念做好投资促进工作

广西壮族自治区投资促进局　杨静华

【案例描述】

一、相关背景

2009 年 11 月，我被任命为广西壮族自治区投资促进局局长（以下简称“自治区投资促进局”）。

当时，正值国际国内形势复杂多变时期，不确定因素增加，风险挑战加大，企业投资意愿减弱，经济增速放缓，经济发展进入新常态。而广西是在刚刚进入工业化中期就进入经济发展新常态，面临的困难、挑战更加严峻，投资对广西经济增长和结构调整有着关键作用。

二、问题和挑战

投资促进工作是主要经济工作之一，而且是富有挑战性、前瞻性和综合性的工作，工作人员必须具备较强的经济管理能力、分析判断能力、沟通协调能力，以及较广博的知识和风险防范意识。但实际情况是，自治区投资促进局于 2004 年由三个不同单位撤并重组，干部职工总体趋于老化，2009 年全员平均年龄约 53 岁，有经济专业（经济工作经验）背景的不多。广西全区投资促进系统 2000 多名干部此类情况也比较突出。如某市，2009 年局领导班子成员几乎是清一色的部队转业干部。

我在担任自治区投资促进局局长之前，无论是在县区或地市一级政府担任领导职务，还是担任市直部门主要负责人，多是负责文化、教育、卫生、科技、旅游、交通和扶贫等工作，对经济工作不够熟悉。我除了面对自身知识、经历和经验不足的困难及问题外，还面临以下挑战：

（一）团队的工作目标模糊

一是自治区党委、政府对投资促进系统只有工作总量的要求，全系统的干部为完成任务，饥不择食，良莠不分，从而造成内部竞争。二是投资促进系统对全球经济态势关注不够，埋头拉车不看路，往往项目投产之时即产品面临市场困境。三是投资促进系统对潜在投资伙伴缺乏了解与分析。

（二）广西传统的投资要素优势不再

国家对土地、环保的约束力加大，人口红利减弱，出口受阻，民间投资意愿不强；以资源换产业，以低地价、低劳动力成本等传统方式引资的时期已经过去，投资促进系统干部一味强调有项目无土地指标、环评受阻，缺乏破解难题的意愿和勇气。

（三）投资促进系统"实工虚做"的惯性思维与做法

全区投资促进系统习惯于做概念性宣传，没有项目，空谈合作；自治区投资促进局机关工作合力不够、活力不足。

三、工作思路

第一，挖掘投资促进系统干部潜在的使命感、责任感和价值认同感，构建总目标和阶段性目标，描绘共同愿景。力争做到"外行面前是内行，内行面前不外行"，使利用外资成为广西经济发展的有力支撑和强大引擎。

第二，激发投资促进系统每一位工作者的激情和潜能。最大限度地发挥每个人的主动性、积极性和创造力、凝聚力，营造积极进取、团结和谐的机关文化。

第三，持之以恒地建设高素质、结构合理的团队。

第四，引导创建科学的工作流程、评价机制、考核机制和激励机制，让小收获成就大未来。

四、开展行动

（一）加强调研学习，认真做好投资促进前瞻性研究和基础工作，谋划全区投资合作产业布局

广西是后发展欠发达地区，各市县加快发展心切，但往往容易出现同质化发展、内部无序竞争。针对这些情况，我带领全系统的同志们根据国际国内经济形势变化，每年选择 3 ～ 6 个焦点问题开展专题调研，科学研判，对目标区域、重点企

业、专业园区和主导产业统筹考虑，分类指导全区工作有序开展。

（二）描绘共同愿景，制定战略目标

我组织编制了《广西“十二五”投资促进规划》（这是广西第一次编制此类规划），编撰了《十年风雨铸辉煌——广西招商引资历程》画册，展示投资促进成果，挖掘、激活干部的价值愿景，明确投资合作的目的，并制定远期、中期和近期目标。

（三）激情驱动，让自己和团队充满活力

我提请局党组和领导班子同意，在全区组织开展“解放思想、赶超跨越”大讨论暨“学用政策抓落实，强化执行促跨越”等主题教育实践活动，以及创建“区直机关文明单位”活动，通过“大讨论”“大调研”“大讲堂”“大练兵”“大回访”五大系列步骤，进一步激活全系统干部职工的主动性、积极性和创造性；同时，通过与上海交通大学安泰经济与管理学院等合作举办“升级转型与创新管理高级研修班”提升创新思维能力。我还带头做到每月至少读一本专著特别是政治学、经济学著作，并向干部职工推荐优秀书籍，进一步夯实队伍的思想政治基础和专业化水平。

（四）以身作则，顶住压力，加强队伍年轻化、专业化建设

我提请局党组研究决定，今后凡有人员退休需补充新员工的，一律按专业化、年轻化（35岁以下）等要求选人用人。

（五）建立完善“三库一网”，即企业名录库、投资者名录库、投资合作项目库、投资促进网，开展精准投资促进工作

我引导同志们对潜在的合作企业及投资者作分析研究，策划包装项目，建立投资促进系统数据库，利用数据分析、运用、共享，做到精准谋划、精准对接、精准洽谈，提高投资合作的成效，助推广西经济结构转型产业升级。

（六）创新建立自治区招商引资重点项目，协调推进工作机制和项目策划包装专家评审工作机制

围绕进一步优化投资环境和为基层服务、为企业服务，解决项目落地“最后一公里”“最后一步路”难题，以及提升投资促进工作质量和效率，我带领干部职工积极探索建立自治区招商引资重点项目协调推进工作机制和项目策划包装专家评审工作机制。

（七）制定科学的管理制度

我以项目单元管理的方式，让每一步成功、每一环节推进能及时反馈，并成为总目标实现的动力；同时通过政府购买社会服务方式，扩大和提升成果。我以信息

化管理的手段，让流程更清晰、效率更显著。

五、主要成效

2009—2011 年，广西连续三年实现招商引资到位资金年净增长 1000 亿元以上；2012—2014 年，广西共引进区外招商引资到位资金超过 1.7 万亿元，自治区领导对我局工作批示五十多人次，高度评价和充分肯定了我局的工作。

（一）推动广西经济稳步健康发展

2009—2013 年，广西 GDP 始终保持 2 位数的增长，2014 年也保持在 8%，连续多年超过全国平均数，其中，固定资产投资年均增长约 20%。全区投资促进系统引进的社会投资到位资金与固投的比值约为 45.4%，对全区固定资产投资的贡献率约为 28%，对全区经济增长的贡献率约为 26%，对财政收入的贡献率约为 25%，对城镇新增就业的贡献率约为 30%。

（二）推进广西经济转型、结构调整、产业升级

近年来，广西十大战略性新兴产业外来投资年均增长 10% 左右，其中，以新能源汽车和生物产业增长最快，到位资金呈现倍数增长，分别增长 3.5 倍和 1.2 倍，新一代信息技术和新能源增速分别达到 66% 和 28.9%。现代服务业外来投资到位资金比重不断提高，其中，商务服务业、批发零售业、旅游业、文化体育和娱乐业等投资比重呈现逐年明显递增的态势。

（三）全区投资促进系统队伍不断优化，管理水平不断提高

截至 2014 年 12 月，自治区投资促进局干部职工平均年龄由 2009 年的 53 岁已降低至 45.5 岁；2011 年至 2015 年，自治区投资促进局先后有 4 人次干部提拔到厅局级领导岗位；全区投资促进系统有 3 人次干部提拔到厅局级领导岗位。自治区投资促进局获得了“自治区和谐单位”和“区直机关文明单位”的光荣称号。

（四）广西投资环境进一步优化

据广西调查总队每年无记名随机抽样调查，广西投资环境总分均在 82 分以上（满分为 100 分）。

【案例反思】

一、战略谋划，持续保持团队的竞争意识是领导力的核心

愿景是组织和成员对未来的美好向往，不一定百分之百都能实现，但要努力使

大部分成为现实，否则领导者就会失去跟随者的信任。稳步、阶段性地实现愿景目标后，跟随者就更加坚信组织的未来，也使得推动愿景实现的力量得以加强。如2009—2011年，我们把引进投资合作伙伴的重点放在引进龙头企业（招大引强）、补齐产业链缺失环节；2012—2014年则重点寻找培育战略性新兴产业和新的经济增长业态的合作伙伴，主动向自治区党委、政府请缨，下达工作质量指标。

二、文化推动，使管理创新机制内化于心，外化于行

人都会受到环境的影响、氛围的感染，一个组织的文化决定了成员的思想、工作氛围，决定了成员日常表现的优劣，影响到组织的整体形象和事业发展。领导者要善于将组织的优秀文化、管理理念、制度规范凝结为员工的价值取向，引导他们把组织发展理念与个人人生目标密切融合，通过文化认同建设起共同的精神家园。我们围绕做“新型招商人”开展全方位、多层次的文化建设：“大讲堂”宣讲国学经典、前沿知识、摄影技巧、身边榜样；“大练兵”开展演讲比赛、写作比赛、体育比赛、环境整治比赛；“大讨论”围绕理想信念、深化改革、招商模式、项目运作开展头脑风暴，使各类要素活力充分释放，激发了投资促进队伍的内生动力，进而带动各项工作齐头并进。领导者个人不仅要参与组织文化建设，而且要深入基层、融入群众，主动了解员工所思所想，在组织内外保持一种公开坦诚的沟通，培育价值认同，激励人才脱颖而出，就能培养出整个队伍的清风正气，就能使组织更具生命力和竞争力。

三、高效执行，要在探索改革中注重统筹兼顾

在投资促进工作中抱怨最多、社会关注度最高的是土地、环评、审批时效等问题，一些干部编出顺口溜“投资促进没有枪没有炮，只有一把冲锋号，项目实施年年干耗”。目标实现必须解决执行路径问题。没有执行，使命就是口号；没有执行，战略就是空想；必须把重点转到项目实施上来。所以在探索改革中，我们着眼协调、平衡，把握好工作的力度、尺度，协调发力，正确处理好投资推介与项目审批、项目策划与培育业态、利用资源与推动发展、从严治队与倾情带队等方面的关系，相辅相成，互促互进，统筹推进各项工作，特别是创新建立自治区招商引资重点项目协调推进工作机制和项目策划包装专家评审工作机制，充分调动各个行业主管部门的力量支持投资促进工作，进一步优化投资环境和为基层服务、为企业服务，解决项目落地“最后一公里”“最后一步路”难题，得到自治区党委、政府的充分肯定，得到各市县和在广西的外来投资者的欢迎。

四、严管善待是带好队伍、促进组织和谐的关键

人是组织中最活跃的因素，领导要做的事就是让恰当的人承担恰当的工作。确定方向非常重要，但要将这些方向落实到具体的人身上是关键，而且困难更大。人的工作关系着每位干部的人生、机关的人气、系统的人心。作为领导，首先要做到心中有党、心中有爱、心中有畏，把群众的冷暖放在心上，关心群众疾苦、讲政治、讲大局、讲纪律、讲奉献、讲团结；尤其是作为女性领导干部，要心慈却不手软，对干部既要严管，也要善待，既关心干部、爱护干部、培养干部、使用干部，也严格要求、严格教育、严格监督，确保干部会干事、能干事、干成事、不出事。当然，也需要恰当的评估体系和激励措施。当前我们正在研究和完善机关绩效考评机制。

领导力不是天生注定的。我 1984 年参加工作时只是一名腼腆的普通女教师，在后来从政的二十年间，是党的培养和自身的潜心学习，逐步提升了领导力。成绩只是为后面的发展提供更高的起点，尤其是在当下，我们的工作还面临着各种问题和挑战。我深知前途维艰，任重道远。在荆棘中，领导者必须用信念的利剑开辟前行的光明大道。这也是领导力必备之能力。

【案例点评】

团队建设好了，工作才能开展得好。团队建设一是凝聚人，二是激励人。清晰、有价值的组织愿景是凝聚人的有效载体，案例中的相关工作规划起到了挖掘和激活干部价值愿景的作用。以身作则也是凝聚人的重要方式。“古今成大事者，不惟有超世之才，亦必有坚韧不拔之志”，领导者自己干在前面，团队成员看在眼里，自然而然跟在后面、学在后面，从而成就一支高效的团队。

激励是团队建设的灵魂，精神激励是激励的重要形式，包括信任人、关心人。女性领导的共情优势明显，在激励团队方面可以做得更为出色。

给干部们写封信

中共广西崇左市委组织部　钟畅姿

【案例描述】

我于2009年年底从广西壮族自治区人民检察院到崇左市任市委常委、组织部部长。此前，我从未在组织部门工作，对组织部门和组织工作都十分陌生。到任以后，我进行了全面调研，发现组织部门给人们的印象是神秘的、封闭的、严肃的，行事高深莫测，使人敬而远之。一些领导干部的诉求或意见建议，由于顾虑重重，总是憋在心里不敢直接跟组织提出来，干部干事创业的积极性和主动性在一定程度上受到了抑制。干部群众对组织工作和组织部门的满意度不高。

我认为，组织部门是干部之家、人才之家、党员之家，理应给干部、人才、党员家的温暖。“如何破除人们对组织部门的偏见，改变组织部门的形象，提升组织工作满意度，促进工作开展”成为我担任组织部长后重点思考和破解的一个课题。

经过深入的琢磨和思考，我从女性领导善于沟通、亲和力强的角度，提出了创建“人文组工”的工作理念，要求组织部门要树立人文理念，制定政策、开展工作都要从干部群众的角度出发，加强与干部群众的沟通交流。

当时，正值换届之前，为了全面掌握市委管理的干部的思想动态，营造和谐换届的良好氛围，在这一理念的指导下，我以组织部的名义给市委管理的近900名干部写了一封信，感谢他们在过去几年立足岗位为崇左发展作出的贡献，表示希望倾听干部在换届来临时的愿望和诉求，鼓励干部大胆向组织说真心话。在信的后面，我们还附了“领导干部任职意愿情况调查表”，表里除了填写干部任职基本情况，还开设了“您认为自己是否适合现工作岗位”“您的个人任职意向”“如果您认为自己应该提拔，适合提拔到什么岗位”“如果您认为自己应该交流，希望交流到什么岗位”“如果您认为自己应该交流，最不合适交流任职的岗位”“具体理由”等栏目，由干部个人填写放入信件后密封回收，并承诺做好保密工作和慎重对待，鼓励干部放下思想包袱大胆如实填写。

这封信发出后，在全市干部中引起了热烈的反响，很多干部说：“以前有很多话想向组织反映，但又担心被误解为跑官要官。现在好了，组织主动要听我们的真心话，没有了顾虑，敢说真话了，即使我的任职意愿实现不了，我也能理解组织，心里也舒服了。”还有一些干部说：“在组织部终于找到了家的感觉！”

对于领导干部的诉求，我们汇总后专门召开部务会，结合干部综合研判结果、工作需要和干部意愿，对市管干部的工作诉求进行了综合分析和深入研究，统筹向市委提出领导班子优化配备、干部岗位交流意见建议，使市管领导干部的任职意愿60%以上都得到了满足，从而使广大干部迸发激情投入工作，干部心齐气顺，工作有力推动，达到了双赢效果。

看到这封信的正面反应后，我们每年都给市委管理的干部发放征求任职意愿函，倾听干部的心里话，搭建干部表达诉求的平台，建立起干部与组织部门之间长效的沟通机制。几年来，干部群众对组织部和组织工作的认可度大幅度提升，2010年以来，市委组织部连续五年在全市100多个考核单位的绩效考核中得分保持第一名。

【案例反思】

给干部写一封信，是一件很小的事情，为什么取得了令人欣喜的效果？我想，这就是领导力中非智力性因素的神奇作用！特别是在新形势下，发挥女性人性化、柔性化的先天优势，对女性领导的领导力提升和成长进步有着特殊意义。

一、充分发挥女性领导情感细腻、善于沟通这一优势，着力营造相互理解、和谐融洽的工作氛围

领导就是沟通，沟通是组织内部的黏合剂，也是组织与外部环境建立联系的桥梁。当今社会，沟通已成为领导的必备能力。哈佛大学的权威教授一致认为，领导的真正工作就是沟通。女性天生细腻温柔、性情温和，善于表达、善于沟通，形象思维能力较强。女性领导者采用的日常语言不仅比男性更温和、谦逊，也更细腻和具有协商性。女性领导者常以聆听、回应、总结、文明的语言来表达对听众的尊重

和感激。沟通使女性领导能够更加准确地了解信息，从而促进正确决策。沟通还使领导行为具有良好的合作氛围。女性领导在管理中，要避免靠权威、控制、约束、命令等方式要求被领导者，而是要注重发挥好自身优势，运用各种沟通技巧来处理组织中存在的各种问题，化解各种矛盾。女性领导遇事要注意沟通、注重协调，动之以情、晓之以理，让领导的权威与女性的亲切、温婉和谐地融为一体，增强下属的归属感，从而达成默契、形成共识。要加强与班子成员间的沟通支持，促进相互理解、相互信任、相互支持，营造和谐共事的环境。

二、充分发挥女性领导思维敏锐、严谨细致这一优势，着力推进工作创新发展、稳中求进

女性领导性格相对敏感，观察细微，反应灵敏，她们能感受到周围环境细微的变化、潜在的风险，心思缜密且善于创新，无论是发现问题还是确立目标，都能够凭借感受问题的敏锐性，洞察目标和事物的本质，做出适当的决策。女性领导办事认真、细心，有耐心而不急躁，考虑问题周到。女性领导在考虑问题、做出决策时，要增强全局性和敏锐性，把主要精力放在抓方向、议大事、管全局上，集中精力研究和解决全局性和前瞻性的重大问题，牢牢把握工作的主动性。要提高抢抓机遇能力，积极培养抢抓机遇的意识，坚定抢抓机遇的决心，增强抢抓机遇的魄力，掌握发展的主动权。要增强处事的周密性，开展一件工作、举办一项重大活动，要充分论证、反复思索，把事物的趋向、行动的脉络、工作的注意事项都要分析清楚。要增强创新意识，敢为人先、敢于拼搏，敢于破除故步自封、不思进取、畏首畏尾、墨守成规的思想观念，敢于冲破阻碍发展的旧框框束缚，坚持用改革创新的思路和办法研究新情况、解决新问题、化解新矛盾，在推动落实、开拓进取中成就大事。

三、充分发挥女性领导善解人意、亲和力强这一优势，着力增强团队的凝聚力、战斗力

善解人意、富有同情心是女性的天性，女性能设身处地地感受别人的痛苦，能凭自己独特的母性魅力理解人、体贴人、关心人。相对于男性领导使用指导型、命令加控制型的领导风格，女性的领导风格更有人情味，更有亲和力。女性领导在管理中要发挥好这一优势，要做到刚柔相济、张弛结合，把亲和力和决断力、把关怀爱护和果断的决策能力相结合，用女性的微笑和关爱提升女性领导魅力，运用亲和力、感召力和影响力使人们产生敬重感、信赖感和亲切感，努力做到具有较强的亲

和力而不失原则性，擅长梳理而不失决断力。要牢牢抓住以人为本的管理理念，主动换位思考，设身处地为下属着想，注重依靠下属、激励下属，用人所长、知人善任、人尽其才，激发他们工作的积极性、主动性，有效地增强团队的亲和力、凝聚力和竞争力，从而提高团队的整体运行效率。

四、充分发挥女性领导注重民主、倾向合作这一优势，推动决策更加科学、队伍更加团结

在管理上，女性领导者更倾向于民主协商的管理方式，强调管理过程中的共同参与和包容，注重各方相互协商和合作，从内心深处来激发每一个干部的内在潜力、积极性、主动性、创造性，使他们齐心协力为组织发展做贡献。在实施领导时，女性领导要注重充分发扬民主，正确进行集中，博采众长，优中选优。任何方案的制订和拍板都要考虑现实环境、时代背景和可能产生的后果。要多站在不同的角度多想几个为什么，多找几个原因和解决思路，要通过各种渠道广泛听取社会各方面的意见和建议，在充分考虑社会各方面的需求、全面听取群众意见、发挥集体智慧的基础上做出科学、果断的决策。要注重发挥团队精神，在潜移默化中激发干部队伍的事业心和责任感，为工作注入强大的能量，从而使整个干部队伍拧成一股绳，心往一处想，劲往一处使，形成一个团结共进、众志成城、步调一致的团队，在激烈的竞争中站稳脚跟，取得又好又快的发展。

【案例点评】

团队建设离不开有效沟通。沟通是信息、态度和情感在沟通双方中的传递，有效沟通是了解信息、知晓态度和形成情感的重要基础。

对女性领导而言，沟通是先天优势。小小一封书信，让原本看似“高冷”的组织工作更为人性化，可谓柔性领导的很好运用。这种有效的沟通，要求领导者能够站在相对方的角度思考问题，从情感上理解相对方，从而寻找到双方的共同点，彼此认同，最终实现工作中彼此配合和支持。

案例三

“三区合一”后如何推动团队融合

重庆市北部新区管委会　王菊梦

【案例描述】

一、相关背景

重庆北部新区成立于2001年4月，面积130平方公里，有8个街道、60万人口。区党工委、管委会为重庆市委、市政府派出的正厅级机构，负责北部新区范围内的开发建设和经济、社会管理。北部新区发展进程中，体制多次变化，在2008年实现了北部新区、经开区、高新区的“三区合一”——将以前的三个国家级开发区整合为一个新区。

重庆北部新区“三区合一”后，上级任命我担任了新区党工委委员、管委会副主任兼党工委管委会办公室主任。

组织赋予我的第一个任务，就是要迅速整合“三区合一”后的新区管委会办公室。因为，它是整个新区管委会工作得以有效运转的中枢。

除了组织融合之外，还要真正实现人心的融合，真正形成工作的合力，真正建立攻坚克难的团队，这无疑是一个更加艰巨的挑战。

二、问题挑战

一方面，“三区合一”初期，三种文化习惯的不适、三种工作方法的摩擦以及现实利益的冲突，严重阻碍着新团队的融合，也严重影响了工作的推进。另一方面，新区工作全面推进，人多、事急、要求高，一时工作任务繁重，新区管委会办公室人员人心散、状态差，工作难以胜任。为此，我忧心如焚。新区管委会办公室团队建设当时面临的具体困难和挑战，主要表现在以下三个方面。

第一，三种文化习惯的不适。三个区前主要领导不同个人风格的影响，各自发展定位、主要任务的不同，机构组成、人员规模、运行方式的差异，使其长期以来已形成各自不同的集体行为意识、文化习惯。经开区机构较齐、人员较多，类似于准行政区的管理，文化习惯侧重于人际协调、工作程序；高新区机构职能合并精简、人员较少，文化习惯侧重于执行落实、高效简便；北部新区机构和人员都最少，只负责规划、计划、统计、宣传，不承担具体开发建设、招商引资和社会管理任务，文化习惯侧重于规划、统筹、协调。三种不同文化习惯的人群突然走在一起，一方面，有一个相互认知、熟悉的过程，必然伴随初期交往中彼此的不习惯、不适应、不理解；另一方面，文化习惯的不同，造成感情的隔阂，吃饭时，大家还是分桌坐，遇到工作不是按分工协调，大家还是习惯于找自己以前区里熟悉的人来办，团队融合存在心理障碍。这样的情况，直接影响工作质量和效率。

第二，三种工作方法的摩擦。三个区在多年实践中早已各自形成一套集体认可、驾轻就熟的决策、执行、监督机制，一套各自的制度体系、程序体系、运转体系和工作惯例。“三区合一”后，一个有趣而又正常的现象是，区级分管领导和部门主要负责人来自于哪个区，则这个领域、这个部门的工作方法、程序、手段、习惯就自然沿用其原所在区的工作体系，即使在新制度的制定中也趋向于原所在区，自然形成“小圈子”。来自于其他区的同志在执行过程中难免会不熟悉、不适应、无所适从，甚至有个别个性较强的副职领导会出现抵触。时有因工作方法的问题演变为矛盾摩擦的现象，直接影响工作推进，这是开发区的大忌。

第三，三种现实利益的冲突。机构合并，必然冲击部分干部的切身利益，尤其是政治利益。一些区级领导没能进入新的党工委班子，一些部门“一把手”变成了副职，一些现职变成了非职，难免失落、不平；由于干部冻结和积压，一些正准备提拔的干部失去了机会，年轻干部看不到前途希望，难免失望、消极；由于过去经开区、高新区的事业单位待遇标准不一致，而新的统一标准出台还有个调研、平衡过程，造成同一单位内部同一岗位、同一职级的工作人员收入却不同，也极大地影响了工作积极性。

以上三个方面的不适、摩擦和冲突，直接造成了两个主要后果：一是阻碍新团队融合，二是造成部门间割裂。如何迅速将“三区合一”后的新区管委会办公室团队最先最快实现融合，肩负起新区管委会赋予的工作责任，有力保障新区管委会工作有效推进，使得新区管委会办公室团队不仅成为出干部的摇篮，也成为推动三区融合的“燎原星火”，这就是摆在我面前亟待解决的巨大挑战。

三、工作步骤

（一）破题——以军队、学校、家庭三个理念建立团队文化

在我兼任党工委管委会办公室主任之初，有5名副主任、21名工作人员分别来自三个区。在初期接触中，我认识到这支年轻队伍总体素质较高、人品个性相对单纯，是一支可以塑造的团队。分析人员结构，大学毕业和有过军旅经历的大概是3∶2的比例，而且，大多数人都有一个温暖的家。我认识到，学校、军队、家庭会给大家带来归属感、安全感和价值感，因此，我要与大家一起深入挖掘军队、学校、家庭的文化内涵，并以培训、游戏、活动等方式来养成、修炼和实现这些精神理念。为此，我确立了三个主要目标：一是办公室团队要在全区率先实现融合，率先建立起开放创新、爱岗敬业、团结和谐、健康向上、充满活力的团队文化，打造一支素质优良、作风过硬、勤政廉洁、团结协作的高效队伍。二是以办公室团队文化建设为表率，促进全区各单位各部门尽快渡过磨合期，共同创造良好的工作环境。三是切实发挥办公室的牵头作用，加快形成新的工作体系。

（二）切入——把硬的制度建设、软的文化打造作为切入点

围绕上述三个主要目标，我着力抓了以下两个方面的工作。

一是着眼全局，抓好制度体系建设。从物理角度消除矛盾冲突的源头，拆除导致摩擦、冲突和矛盾的源头。我着力建立了一套与新体制、新格局相适应的，科学统一、规范有序的政策、制度、程序、办法，解决政出多门、无所适从现象，使各项工作有章可循，推动协调运转。给领导班子立规。改革统一党工委、管委会工作规则，管委会重大决策程序规定三个“宪法”性基础制度，明确了核心层的运行规则，领导班子以身作则，领导干部率先垂范。完善制度体系。优先考虑开发建设、招商引资、财务管理、国有资产、干部人事等涉及改革发展的基础领域，用两年时间重新清理、讨论、制定、出台了170多个规范性文件。

二是立足团队，塑造团队文化理念，促进团队文化融合。我坚持不懈地把“军队、学校、家庭”作为办公室团队文化建设的总思路、方向和目标：“军队”是团队文化的纪律基础，“学校”是团队文化的活力源泉，“家庭”是团队文化的精神纽带。

（三）行动——狠抓载体、平台建设，以多种活动践行团队文化理念

理念的提出只是画了一个饼，关键在于“变无形为有形”，以具体可见、亲切和蔼的载体、平台和活动去践行团队文化理念，“化有形于无形”，在潜移默化、

润物无声中塑造团队文化，感染每个人、影响整个集体，从而建设一支团结战斗、攻坚克难的团队。为此，我着力开展以下多种活动。

一是建章立制，强化管理。立足办公室“办文、办会、办事”的三大任务，建立程序规范、运转流畅、高效便捷的机制和业务流程，迅速建立了政务督查、公文流转、信息沟通、会务接待、保密管理、印章管理、档案管理等一系列制度，做到凡事有章可循。

二是领导担当，带动集体。兵熊熊一个，将熊熊一窝。办公室这支“军队”有没有战斗力，关键在于领导干部能不能担当和表率。我常对他们说“我是你们的后台”，在他们推不动的时候我出面推一把，在他们拿不准的时候我出面来拍板，在他们有委屈的时候我出面来说话，在他们有矛盾冲突的时候我居中协调，成为他们的一个“心理依靠”和“最后防线”。

三是培训队伍，提升素质。办公室处于“沟通上下、协调左右、联系内外”的地位，要发挥好参谋助手、运转中枢、协调服务三大职能，就必须不断打造一支高素质的队伍。

四是选拔人才，提拔骨干。团队的活力，很大部分来源于向上流动的动力。一个大家公认的成员的进步，可带动一群人的事业心。在全区干部积压的情况下，办公室团队却“异军突起”，五年内先后提拔了八名处级领导干部，切切实实成了一个出干部、出人才的摇篮。团队中有一名长期从事文秘工作的同志，五年间，从办事员到副主任，又从副主任到另一个部门任主官。由于这位同志是公认的“一支笔”，他的外调无疑会使文秘工作面临暂时压力，我本人虽也不舍，但为干部个人进步，也为了给团队树立一个正确的价值观，仍大力促成了这个干部的第二次进步。

此外，还包括集体活动，营造氛围；发挥特长，融洽关系；当好“家长”，传递温馨。

【案例反思】

在“军队、学校、家庭”这一理念的带动和实践下，新区管委会办公室团队是受“三区合一”冲击最小的团队，是最先完成整合、最短经历磨合、最快完成融合、最早走上正轨、最好实现默契的团队，无论是业务工作，还是文化建设，都得到了普遍认可，“军队、学校、家庭”的理念也被全区上下所了解、认同。反思其经验，我认为，主要有以下五个方面。

（一）目标指引

共同的目标，是一个团队的精神支撑。领导和建设一个团队，就要把明确、统一的目标作为这个团队的行动指南，变为这个团队的共同理念、集体意识，以此凝聚共识、形成合力。把办公室建成“军队、学校、家庭”，在反复、坚持的灌输和实践中，其内涵已深入每一个成员的思想，成为一种集体自觉，成为这个团队的精神力量。

（二）耐性坚持

时间不仅可以打磨棱角，也可以沉淀厚重。打造一个团队，绝不是一夜之间完成的，而是一个步履坚持和心灵坚守的过程，要有足够的思想准备和恒心毅力。尽管办公室这个团队的磨合和塑造经历的时间较短，但也付出了大量心血的谋划、烦琐细致的雕琢，过程可谓艰辛。急于求成和拔苗助长，只能适得其反。细雨春风的思想引导、涓涓细流的情感注入、不留痕迹的灵魂浸染，才能聚水滴而成江河，终成正果。正如习主席对作风建设所强调的“永远在路上”。

（三）相互包容

一桶水能装多少，不取决于最高处，而取决于最低处；一个团队能跑多快，不取决于第一个冲刺者，而取决于最后的抵达者。领导和建设一个团队，领导者的包容和心胸将决定这个团队的未来。包容，要平等地给每个成员机会，机会给了，能否抓住在天意人为，但每个成员都将看在眼里、记在心中。包容，既意味着要关心团队中的落后者、允许失败，也意味着要支持团队中的领跑者、鼓励成功。包容，不仅要客观地看待每个成员的闪光和灰暗，也要平和对待团队前进中的挫折和反复，即使在办公室这个成功团队的前进路上，仍不时有分歧、杂音，有观念的摩擦、利益的争吵，只有不断地像水一样去稀释、润滑，才不至于让波涛变成巨浪、河流变为腐水。

（四）拥有梦想

没有阳光，我们无法生存；没有梦想，我们无法生活。梦想，绝不是团队的海市蜃楼，而应是每个成员前进的动力，是一个团队的活力源泉。领导和建设一个团队，就要让每个成员看到梦想成真的希望，为每个成员建造通往梦想的桥梁，让每个成员找准追日逐梦的方向。团队的领头人，要真心、热心、有心去帮助团队成员打通向上的通道，让团队人才辈出，才能让团队活力倍增。要无私地帮助成员开拓外流的渠道，让他们去历练、去打拼，去追逐新的梦想。要公平地去帮助领跑者实现率先冲刺，去激发一群奔跑者的澎湃动力，形成人人争先、积极向上的团队氛围。

（五）善于把控

条条大路通罗马。领导和建设一个团队，没有固定的格式，但也有普遍的规律。要系统推进，将其作为一个系统、细致、具体的大工程去推动，精心策划、亲自参与、长期坚持。要抓住人这个关键，以人为本，在思想上重视人、工作上培养人、生活上关心人、使用上帮助人，把人凝聚在一起。要把握细微，既要鼓励和支持成员间的交流和融合，又要防止放任自流或操作不当，让部分成员在融合中又形成新的“小团体”，背道而驰地形成团队建设的新障碍。

【案例点评】

团队建设一要有共同的目标。这个目标不是领导者个人的“高大上”的目标，而是整个团队认可、支持并且愿意为之努力和奋斗的目标。二要有耐心。团队建设是一个“聚水滴而成江河”的过程，这也是一个领导者与团队成员共同成长、共同发展的过程。三要有约束。领导者不仅要善于凝聚和激励，还要善于约束和督导，对问题要发现得早、发现得细。

案例中的“三区合一”不仅做到了组织融合，而且做到了人心的融合，就是信心、耐心与细心形成的结晶。

案例四

保利地产的“领航员”

保利房地产股份有限公司　宋广菊

【案例描述】

保利地产成立于1992年10月，它是一个创业型的企业。创业之初非常艰辛，基本上是白手起家，只用了保利集团50万元的开办费。发展到今天，保利地产已成为布局57个城市，集房地产开发、建筑设计、物业管理、商业经营、展览业、养老地产、房地产金融等于一体的大型企业集团。2014年年底总资产3600亿元，年利润190亿元，综合实力排名全国上市房企第三名，中央企业房地产行业实力第一名，品牌价值310亿元。

回忆保利地产走过的二十三年发展之路，成就它的今天可能有多种因素，但不难看到，在它的几个发展阶段，领导者的坚定信念、以身作则、勇于创新、敢于担当是企业走向成功的最重要因素。

1993年至2002年是保利地产创业并完成原始资本积累的十年。这十年企业从无到有，从小到大，靠的是艰苦奋斗、拼搏奉献的精神，燃烧的是热血和激情，用的是借鸡下蛋、借船出海的方法。当时的总经理李彬海是从广州军区某部后勤部长岗位调任的，对他的评价是胆识过人、有勇有谋。在部队期间积攒的丰富管理经验，无疑给他胜任保利地产总经理职位增加了砝码，在后来的创业中也充分展现了他优秀的领导力。

全保利地产人记忆深刻的是创业初期第一笔利润是做钢材贸易。李总凭借他过去的工作关系找军区后勤部张部长借了600万元做苏俄钢材贸易。我们先找到了销路，和省供销社签订了总销合同，同时签订了钢材进口合同。可就在两个月后交货的时候，船没有按期到港，但这时钢材行情一天一个价在涨。这时李总召集班子开会，提出主动向省供销社赔违约款60万元，我们等钢材到后自己卖零售。会上我们都没有底，因为我们知道给供销社包销轻松，一手交货、一手收钱，但利润会少很多，而自己卖零售，加上价格不断上涨，利润会多很多，但我们从没做过，也一定会很辛苦。

会议决定后，我们坚决执行，主动和供销社终止了合同，支付了60万元违约金。二十天后钢材到港，我们当时总共只有八个人，四个人跑销售任务、四个人在码头守场子，用了两个月的时间，把一船钢材全部卖掉了，挣了900万元，比包销多挣了400万元。

尽管大家黑了也瘦了一圈，但我们感受到了领导的果敢和坚持，大家一起吃住在码头，团结奋斗、共同拼搏，也奠定和培育了企业的文化要素。我们将“团结、务实、奉公、守法”确立为我们的共同价值，写成条幅挂在简陋的办公室墙上。用借船出海、借鸡下蛋的方法，到1995年我们挣到了5000万元的利润。因为我们是房地产企业，挣到启动资金后，主要方向迅速回归了主业。这时我们开始制订新的五年规划，李总在规划讨论会上提出了今后是向专业化发展还是向多元化发展的题目。经过集思广益，企业制定了向专业房地产发展的定位。这一定位，也使保利地产踏上了中国房地产行业发展的快车，在1997年房屋商品市场化到来前，我们就已经成为房地产专业人员了。不断的学习和市场实践，使我们敏锐地意识到房地产市场将迎来快速发展的新时期，保利地产必须走精品路线，产品要升级，才能赢得市场，做大做强。我们向建设部申请启动了国家康居示范工程。然而，当大家看到建设部关于示范工程的要求标准时，都像被泼了一瓢凉水似的，打了个激灵。又是要求人车分流，又是环保标准，又是科技创新，最终李总在会上定调：“申报国家示范工程。”可以说对于当时的我们这是要踮起脚来努力去触及的梦想。

为此，企业组织了专门的班子深入研究，一条条对照标准研究落实。如在人性化方面，保利地产研发了独具特色的“结构下沉式”卫生间、无障碍标准等众多细节和创新。功夫不负有心人，保利地产精诚之至终于换来了保利花园的完美成果，成功摘取了全国第一个“康居示范工程”的称号，获得规划、装修、智能化三项大奖，装修标准化成为建设部标准制定的范本。它也是保利地产“做产品”意愿的第一次实现，这也使保利地产在今后的项目开发中对新技术的应用日益得心应手。

2002至2010年是保利地产迅速发展的八年。这期间公司完成了股份制改造，实施了全国化战略，确定了新时期的企业文化“奋发向上、团结协作、乐于奉献、规范诚信、纪律严明”；确立了“打造中国地产长城”的企业愿景，立志成为中国房地产行业的领军企业；提出了公司的品牌理念“和者筑善”，立志成为人与人、人与自然、人与社会和谐共生的构建者。在2002年股份制设立那天的大会上，李彬海董事长向全体员工提出了保利地产开始二次创业的号召，许多同志为了公司全国化战略实施，离开妻儿到外地工作，一干就是十几年，为企业发展做出了卓越贡献。

2010至2015年是公司提升管理、提升品质、稳步发展的阶段。我提出了三至五年再造一个保利地产的“十二五”规划目标，到今年各项指标都将超额完成。

经常会有人问我：“你们是国企还是民企?”我说是国有上市公司。他们认为我们决策快、发展快、干劲足、氛围好，怎么也不像国企。接着会问：“在国有体制里你们是怎么做到的?”在许多人眼里，国企就是“低效”的代名词。或许保利地产在房地产行业里确实是一匹国企黑马，有许多因素成就了它的今天，但主要领导者的领导力和班子的凝聚力是重要的因素。

2014年年底在一次小范围的房地产行业大佬的聚餐中，富力地产的老板张力问我：“你们工资也不算高，你们是怎么留住高管的?还这么拼命地跟着你们干?”我笑着说：“靠事业留人、感情留人。”我经常会和高管们讲，你们就是老板，因为你肩负着老板的责任，但是你们千万别真把自己当老板，你们就是个打工的。国企领导肩负着老板的责任，要记住自己打工的身份，这很重要，什么时候忘记后一句就容易走错方向。

不知不觉，企业好像成功了，可是对于我个人来讲，丝毫没有成功的喜悦。因为我每年都要面对保增长的要求，都要面对不断变化的市场，面对极不确定的未来。商海茫茫，不进则退，每天如履薄冰、如临深渊，从心里感到的是真累。

累并快乐着，这是我真实的感受。企业成就了我们每个人，我也在组织的培养中成长。成长比成功更重要。我从一个在部队机关写写公文的普通干部，经过几年艰苦的磨炼，变成合同谈判主力、企业管理的骨干，2002年股份制改造时被提升为总经理。2010年我接任董事长时，以“志存高远，把握当前，永不松懈”为题做了发言，许多同志流下了热泪。我和大家一起回顾保利地产创业走过的艰辛，回顾在全国化战略实施中大家的拼搏和奉献精神，畅谈着我们共同的文化价值和理想，提出了三到五年再造一个保利地产的目标，是共同的理想信念和价值观鞭策着我们要继续前行。

【案例反思】

回头看一下自己的成长，有如下几点感悟。

一、领导一个企业，一定要用共同的价值观、共同的愿景凝聚和激励大家

保利地产在它的每个发展阶段，领导者都用理想和目标为大家指明方向，共同前行。特别是老领导李彬海在创业初给我们定的“团结、务实、奉公、守法”八个字，成为企业成功的法宝。因为那时全民经商，各种思想思潮很多，他那时常和我们说做企业首先要解决“为谁做企业”的问题，他说这个问题不解决好，企业是做不好的。当时保利集团有四百多家子企业，大浪淘沙，十几年下来，还在市场上生存的只有不到十家了。他还提出“大河有水小河才有水”“开明道堵暗道”的管理思想，遇到困难，总是鼓励大家，“办法总比困难多”，要求群众做到的他总是率先垂范。2002 年我们根据新的阶段，提升并修订企业文化、愿景、目标，引导大家追求卓越，不断攀登高峰。在行业对保利地产的评价中有一条是保利地产有着较强的战略定力，这种定力是在企业愿景指引下的、建立在对企业内外部形势科学分析之上的中长期发展规划，凝聚并指引着保利地产人共同奋进。

二、领导一个企业，一定要有坚强的意志和责任心，勇敢面对一切困难，挑战创新，勇担责任

世界上没有办不成的事，只有不想办成事的人。一个企业成长，有它关键的转折点，保利地产改制上市就它是生命周期中最关键的一步，这一步考验的是领导人的远见卓识、果敢意志、勇于创新、追求卓越的决心。保利地产在它发展风生水起之时，李彬海总经理提出要争取改制上市的设想。经过班子反复讨论，征求群众意见，形成方案并向上级提出请求，改制方案还设计了员工持股计划等。上级党委觉得是新生事物要研究，而职工大会也有许多不同意见，因为 2002 年时，股票还没有全流通，员工和管理层都没太大热情。当时我们一是想把大家的利益和企业利益结合在一起；二是想上市可以提升企业科学规范治理水平，促进企业发展；三是想获取企业发展的资本支持，把企业做大做强。

当时上下都有不同的声音，经过反复地做工作，取得了上级和群众的支持。为了企业长远发展，领导者坚定不移推进了这项工作，取得了成功，也为保利地产后

期的快速稳定发展奠定了坚实的治理基础和获得了资本补充。随着2006年IPO资本全流通开启，保利地产以它扎实的资产经营获得了资本市场的高度认可。在改革的过程中，我们还顺利完成了干部的年轻化，三个1954年出生的副总在2002年就主动退到了二线，三名“65后”专业干部进了班子。直到今天，我都用这三位创业元老这种“功成不必在我”的故事教育年轻干部，学习他们以企业发展为重所做的努力和贡献。

三、领导一个企业，一定要有风清气正、以身作则、求真务实的工作作风

到企业二十多年来，一个最深的体会就是：一把手就是发动机，你要让自己时刻在发电的状态，群众才有动力。老董事长李彬海在他的生活工作中，似乎没有“休息”两字。在他做老总期间，我们每天早上都能接到他的电话，对一些重点工作进行询问，每个工地都经常会看到他的身影，我们从领导到员工都被他的勤奋、他的毅力所感染。而自己在这样的团结奋进的团队中，也学会了磨炼自己的意志。后来在自己做老总的八年里，一心为企业发展，不敢有任何松懈。2002年我组织制订公司十年规划的时候，带领工作小组认真分析内外形势，上下几轮讨论研究，同期进行企业品牌研究规划，每次会议都亲自主持，每次专家沟通讨论都认真虚心听取建议。在以后的工作中，坚定地执行战略规划，八年的时间里，从没有休过年假，也没有休过一个完整的周末，奔跑在全国各地抓项目、谈合作、抓重点、带队伍。用自己勤政务实的努力，干在实处，走在前列，也带出了一支能打硬仗、勇于牺牲、无私奉献的干部队伍。一次万科的老总郁亮问我：“你的全国化战略发展这么快，人是怎么解决的？”我说：“我们就是部队作风，今天谈话，明天打着背包就出发了。”他说这是他遇到的最大的问题。我也不是没有遇到问题。2006年，我派一名女干部到外地做营销总监，她孩子才上一年级，但她坚决服从安排到外地去任职了。有一天我听一位同事跟我说这个女干部的孩子很调皮，妈妈走的那个学期他的数学打了零分。我听了后掉了眼泪，因为这个干部本人从没跟我说有困难。一年后我把她调了回来，她并不知道我的内疚。我希望自己努力以身作则，做好带头人，希望保利地产“奋发向上，团结协作，乐于奉献，规范诚信，纪律严明”的企业文化让全体员工牢记，铜镜可正衣冠，训言可以明品行。正是这二十字座右铭，将保利地产人的精神代代传承，在时刻的自我观照中，激励着每个保利人不畏艰难，勇于前行，为打造保利地产长城贡献自己的智慧力量。

今天，企业的发展面临着新的常态，在速度、结构、方式、动力的转变中，如

何带领企业在战略上实施转型升级，在工作中改革创新，自己面临着能力、知识、本领等新的考验。正如习近平总书记强调的：“全党同志特别是各级领导干部都要有本领不够的危机感，以时不我待的精神，一刻不停增强本领。只有全党本领不断增强了，两个一百年奋斗目标才能实现，中华民族伟大复兴的中国梦才能梦想成真。”我将更加努力学习，不断提高自己的领导能力，不断超越自我，带领企业取得更好的经济效益，为祖国做出新的贡献。

【案例点评】

优秀的领导者是团队的“领航员”，这个领航员一是要能够用愿景凝聚人，给团队指出努力的方向。能够有预见性，在别人还没有看到的时候，比别人看得远一些，看得早一些。二是要自身有毅力，能担当，“大雪压青松，青松挺且直”。“领航员”就是要吃别人不能吃的苦。三是要求真务实，以身作则。遇到困难，总是鼓励大家“办法总比困难多”，要求群众做到的自己要率先垂范、首先做到。

从老大难单位到蓬勃向上的单位

中国港中旅集团公司　朱际青

【案例描述】

一、案例背景和挑战

北京边检总站担负着北京首都机场和西客站出入境人员和飞机、列车的检查任务，履行维护国家主权、安全，便利国际往来的使命，是国家最重要的门户之一。

2002 年 3 月公安部党委任命我为北京出入境边防检查总站政委、党委副书记、纪委书记。2005 年 3 月公安部党委任命我为该总站的总站长、党委书记。

当时北京边检总站有 600 余人，是独立的执法一线单位，只有一级党委，总站主要领导既要抓队伍，也要抓一线的执勤执法。2002 年前，北京边检总站的两位主要领导不团结，队伍涣散、团团伙伙，问题隐患丛生，一年内发现职务性违法违纪 9 起，两个主要领导均被追究领导责任，受到处分，并先后被调离、免职，是全国边检系统的老大难单位。如何改变北京边检总站的面貌，树立正气，凝聚人心，为圆满完成 2008 年北京奥运会边检任务奠定基础，是我面对的艰巨任务。

我 1975 年至 1978 年和 1982 年至 1983 年曾经两次在北京边检总站当过检查员，其余的时间均在公安部从事边防检查的业务工作，包括国家级边检法律法规的起草、政策和规章制度的拟定、全国边检工作的检查落实等等，没有基层政治工作经验和管理工作的经验。上任初始我的领导力与职位不匹配，历史上边检系统也从没有女性任过一线厅局级单位的主要领导。

二、探索

面对各种难题，在北京边检总站任主要领导的四年中，我主要做了以下一些工作。

（一）着力增强总站领导班子的核心作用

2001 年公安部从地方其他系统调到北京边检总站一名总站长，他长我十岁，正派，有担当精神，但比较主观，难以深入到这个比较封闭的单位中去。我尊重维护他，不以从公安部来的干部自居，主动做好上下协调工作，向其进言献策，取得了信任支持，形成合力，对下产生 $1+1>2$ 的影响力。班子的其他成员均为男性，年龄、资历长于我，我逐一与他们深入交流，倾听他们的情况反映和意见，使他们得到充分的信任和尊重，发挥其所长，形成班子的合力，增强班子的核心战斗力。

（二）深入一线调查研究，做一线的知心人，就如何改变面貌集思广益，凝聚共识

我不是让基层领导到我办公室汇报情况，而是自己一个人去他们的办公室或者他们的执勤现场，让他们感觉到亲近，便于真心交流。我基本做到每周与八个执勤队的每位领导见面一次，到执勤现场两次。在与基层领导和民警交谈时，以倾听为主，及时回应他们提出的问题，及时掌握一线的情况，为决策找到出发点和落脚点。与此同时，及时把总站党委的意图传达给基层，有针对性地进行引导，对向上的，予以鼓励；对负面的，及时提出，实现了上下贯通，从而转变了过去领导高高在上与一线脱节的状况。

（三）主动学习，系统思考，提升自己

到总站任职后，马上感觉到自己的知识结构与岗位不符，学习变得十分紧迫。首先学习政治思想工作、党建、纪委工作的规章制度，深入领会上级的各项要求，增强党性修养，牢固树立权力观、政绩观，不断增强事业心、责任感，在政治上把握方向。为了提升工作能力和水平，在北大找到适合的课程，业余时间学习了领导科学、组织行为学、管理类课程，包括人事测量等，学以致用，有效而及时地提高了领导艺术和管理水平。在学习和调研的同时勤于思考，不断总结、修正。我每天用半小时、每周用两小时静心思考，找方向，明路径，不断总结工作方式的得失，不断修正，自我修炼，自我提升，逐步实现了吃透上情、掌握下情，上下结合创造性地开展工作。

（四）经过充分调研，集思广益，经总站党委决定，提出了“打造一流队伍，创造一流业绩，迎接北京奥运会”的工作目标

为解决一些干部的经验主义、盲目自大、井底之蛙的问题，组团率领骨干领导干部到香港入境处学习，使他们亲身感受先进的理念和管理，找准差距，进行反思，提出赶超的思路。考察香港返回后，组织他们在不同层面宣讲，对队伍启迪发动。向全站民警推荐《你在为谁工作》一书，组织讨论，促使民警把实现个人价值、追求与实际工作紧密联系起来，由“让我干”转变为“我要干”。通过这样的思想发动，凝聚了警心，积聚了正能量，逐步把总站党委提出的工作目标分级有条理地形成工作任务，予以落实。

（五）严肃查处违法违纪，刹歪风，树正气

面对出现的工作时间饮酒、酒后驾车等违反公安部五条禁令的案件和收受贿赂私放人员非法出境的案件，一改过去大事化小、小事化了的做法，不姑息，严查到底，该开除的开除，该追究刑事责任的追究，并追究领导责任。同时汲取教训，加强思想教育，既讲大道理，也给民警算细账，让他们真切认识到，收受一次几万元贿赂的后果，是丢了工作和退休后的养老，损失的是几十万到百万元，丢的是在社会上的尊严，还很可能入狱负刑事责任。针对容易发生问题的环节，加强检查监督，宣扬监督是关爱，权力运行到哪里、监督就跟随到哪里的理念。在队伍中逐步形成不想为和不能为的氛围，让正气占上风。

（六）争取上级支持，创新体制机制

为了加强执勤一线的管理，取得公安部支持，将一线执勤队由副处级升格为正处级，配双正，队设立党委，队下设科级分队，做强做实一线单位，给基层民警和干部更多的晋升空间，调动积极性。以执勤一线为重心，调整机制，骨干向一线配，资源向一线倾斜，创造性地在执勤一线实行量化考核，奖勤罚懒、奖优罚劣。在机构升格时，不搞坐地升官，严格把关，留有一定领导岗位空缺，选拔一定比例的年轻干部，机关与基层干部交流，使干部队伍结构不断科学合理，形成梯次。干部选拔坚持用好的作风选作风好的人，坚持德才兼备、以德为先，公平、公正、公开。在大面积调整干部期间，深入细致地开展思想工作。从我做起，抵制各种说情。即便是主管部领导打招呼，只要不符合条件，都实事求是地向领导汇报情况，取得领导的理解，不通融。通过选人用人的良好作风，树立了总站党委的威信，在全总站树立了勤奋向上的正气。体制机制的调整和公正的用人导向，彻底改变了总站的面貌。

（七）严于律己，做表率，抓执行力

作为主要领导，又远离上级机关，基本没有被监督的压力，但是要率领一个独

立的执法单位，做到队伍积极向上，严格执法文明服务，必须慎独，必须具有自信。这种自信只能来自自我修养的不断提升，以及严格的自律。凡是要求下属做到的，我首先做到。比如公车管理，副处以上干部都有公车，公车私用不仅侵占公用资源，更在民警中损害了领导干部的形象。总站出台了公车管理规定，晚间和节假日公车须停放在单位，外出要有批准手续，每辆公车每月统计行驶公里和加油数量。作为总站长，我虽然配有专车和司机，但我带头执行规定，上下班坐班车，从不把公车开回家。这种表率作用对整个队伍具有重要的示范意义，也使我可以严抓严管，从而带动了各级领导干部的执行力和自觉性。

【案例反思】

2006 年公安部党委决定调我回公安部任出入境管理局副局长。在部领导与我谈话时，我不由自主地说道，我舍不得离开北京边检总站。部领导对我说，你在那里是花了心血的。我觉得，这既是部领导对我的理解，更是对我的肯定。

在北京边检总站任主要领导的四年，我与总站共同进步成长，我的领导力显著提高，自己的决策力和影响力在带领总站由一个落后的老大难单位改变为一个蓬勃向上的单位的过程中发挥了重要作用。我由一名比较单一的业务干部，成长为能够驾驭独立执法一线的厅局级单位的主官，成为女性在边检系统任总站长的成功案例。

在这段经历中值得总结反思的很多，我觉得，习近平总书记提出的“严于修身，严于用权，严于律己，谋事要实，创业要实，做人要实”是关键，的的确确是“修身之本，为政之道，成事之要”。这是我毕生都要不断修炼的内功。

【案例点评】

一个单位主要领导的领导力关系到其能否引导、带领这个单位发展、进步，及其履行组织使命的成效。这个领导力并不随着组织对这一领导的职务任命而自然具备，需要系统地锻炼和提高。

其中，以身作则是领导力的重要来源，也是团队建设的有效途径。正像案例中所言，“要求下属做到的，自己首先做到”。这种表率作用对整个队伍具有重要的示范意义，“其身正，不令而从；其身不正，虽令而不从”，这使领导可以严抓严管，也带动了各级领导干部的执行力和自觉性。

变革创新

案例一

打造人事争议仲裁战线的领头羊

国家人力资源和社会保障部　陈　蔚

【案例描述】

2004年至2013年，我担任原人事部、现人力资源和社会保障部仲裁中心主任。期间，我坚持内部管理和业务工作齐头并进的原则，圆满地完成了各项工作任务：仲裁中心的副主任、处级和科级干部100%得到晋升，获得事业发展；仲裁中心办理的案件，100%获得当事人执行或进入民事诉讼程序，无后续缠访情况。同时，我本人通过对公共管理知识和理论的学习和实践，也随着事业发展不断成长。

一、筹建机构

1997年，我国人事争议仲裁制度正式建立。当时，人事部采取了两件标志性的举措：一是颁布《人事争议处理暂行规定》；二是在人事部成立了人事仲裁公正厅，负责处理国务院各部委、国务院各直属事业单位以及各部委直属在京事业单位等的人事争议。

2003年，我作为原人事部人才流动开发司副司长分管人事争议仲裁工作。当时的形势是，人事争议的数量急剧增加，人民群众对仲裁的关注和期待空前高涨。同年9月5日，最高人民法院颁布了《关于人民法院审理事业单位人事争议案件若干问题的规定》，改变了人事争议处理“一裁终局”的局面，实现了人事争议仲裁与司法的衔接，极大促进了人事争议仲裁工作的开展。

在这种形势下，组建专门的仲裁办案机构提上了议事日程。事实上，原人事部已于2002年即成了仲裁委员会，负责原人事部人事仲裁公正厅的仲裁职能。2004

下半年，我们开始筹备成立新的人事争议仲裁委员会办事机构，这个机构名称拟定为仲裁中心。

二、创业

2004 年年底，中央编办批准成立中央国家行政机关在京直属事业单位人事争议仲裁中心，我随即被原人事部党组任命为仲裁中心主任。名义上是新上任，但由于我此前曾分管人事争议仲裁处，且全程主持、参与了仲裁中心的筹备工作，所以并没有太多的无所适从，就立即开始了新的创业历程。

当时，我主要做了四件事：一是充实人员，健全工作队伍；二是建章立制，用制度抓管理；三是研究业务，探索工作机制；四是沟通协调，优化发展环境。在人员方面，我们通过竞争上岗、公务员招录和军转干部安置等途径选拔工作人员，完成仲裁中心的班子建设和各处室人员配备，实现了机构的正常运转。在制度方面，我们建立了涵盖内部管理和业务工作全部内容的各项规定，用半年时间制定了主要规定，此后每年都不断对各项规定立改释。在业务方面，创新了轮流立案接待机制、仲裁中心全员办案机制、重大案件研讨机制、与人民法院的司法衔接机制等，还组建了由高校专家、知名律师、相关领域干部等组成的兼职仲裁员库。在协调方面，在部内，我们与部内各业务司局建立了政策咨询和反馈机制，司里为我们办案提供政策支持，我们也将办案中发现的政策性问题反馈给司里；在部外，我们与北京市各级人民法院建立沟通机制，协调人事争议仲裁与民事诉讼衔接的相关问题；我们还与全国人事系统内的各地、各级人事争议仲裁办案机构建立了案例研讨机制，共同探讨办案实务问题。在部里各级领导的关心和各兄弟单位的支持下，仲裁中心各项工作运转良好，被称为全国人事争议仲裁战线的领头羊。

三、办案

仲裁中心的主要职能就是办案。仲裁中心办理的案件，我至今仍能清晰记起，现举几例。

某大学徐州校区的几十位退休老师，把退休关系落在了徐州，而这些老师们长期生活在北京，他们感觉很不方便，就提出仲裁，要求将退休关系转移到北京校区。这起案件不属于人事争议仲裁的受案范围，按规定，我们只需出具不予受理通知书即可。但由于人数众多、影响较大，我们就启动了立案调解程序，经过与校方的沟通，老师们的困难得到了解决。

某中央企业所属医院职工，由于其仲裁请求不属人事争议仲裁的受案范围，在我们出具不予受理通知书之后，多次长时间滞留在立案接待室。我们与其单位沟通，希望立案调解，但没有成功；我们与部办公厅保卫处和属地派出所联系，力求保证办公场所安全，无论时间多晚、情况多复杂，我都与立案接待的同志共同坚守。后来，我们苦口婆心的解释和劝说终于打动了当事人，使其通过其他途径维护了权益。

某部队干休所职工，具备较强的法律意识和证据意识，第一次开庭审理持续了四个多小时还没完成质证环节，只得决定择期继续审理。由于在质证中基本掌握了案件情况，我们主持双方进行了多次调解，双方都有调解意愿，但谁也不想让步。我告诉仲裁员，只要当事人不放弃，我们就不放弃，继续调解。当第二次开庭审理的时候，没等启动庭审环节，双方当事人就主动提出了调解协议，案件调解成功。

四、依法转型

2008 年，人事争议仲裁工作面临新的局面。一是国家推行大部制，原人事部和原劳动社会保障部合并为现在的人力资源和社会保障部；二是《劳动争议调解仲裁法》开始生效。由此，我们开始重新审视人事争议仲裁与劳动争议仲裁的关系。此后颁布的《劳动人事争议处理办案规则》《劳动人事争议处理组织规则》和《劳动人事争议处理规定》，均倾向于人事争议仲裁属地化的管辖原则，也就是说，人事争议将由用人单位所在地的基层仲裁机构办理。在这种情况下，我们没有局限于仲裁中心的部门利益考虑，而是坚决支持了部里关于仲裁中心不再承担办案职能的决定，并切实做好了停止办案的后续工作。

五、统计新锐

2013 年，部里根据人力资源社会保障工作发展的形势和大数据时代的新需求，将原仲裁中心更名为统计调查中心，承担家庭服务业统计调查、非公有制经济领域人才资源统计调查研究、统计数据整理、统计数据监测平台建设等职能。2014 年年初，统计调查中心正式启动了相关工作，通过不断的努力，统计调查工作为人力资源社会保障事业的政策制定和科学决策提供了重要支撑。

【案例反思】

经过多年的理论学习和工作实践，我认为决策力、感召力、说服力、协调力、执行力、前瞻力、应急力这几种能力是领导干部应当具备的基本能力。当然，这些能力需要灵活使用、综合运用，才能达到事半功倍的良好效果。

一、决策力

决策力是指在对各种条件综合分析的基础上，根据既定目标做出决定的能力。决策力对于单位的主要领导来说，尤为重要。在仲裁中心筹建初期，需要决策的事情尤为繁多。重大事项要提出相应方案报部领导决定，一般事项就需要由单位班子成员研究决定。就办案而言，一般案件由仲裁庭或独任仲裁员办理，遇到重大复杂的情形，仲裁员可将案件向仲裁中心报告。大家都知道以事实为依据、以法律为准绳的原则，但如何通过质证采信证据、法律无明文规定时如何行使自由裁量权这些问题却是很难把握的。这个时候，作为主要负责人，我不能把责任推诿给别人，就要做出相对最佳的决定。

二、感召力

感召力是指通过共同的价值观，凝心聚力，促使团队按既定规划执行任务、完成使命的能力。仲裁中心成立之初，人员来源可谓五湖四海，当时的首要任务就是加强同志们的理解和信任，打造凝聚力。我采用的做法是，大家的事情大家商量着办，多给大家创造沟通交流的机会，在各个方面关心同志们的成长。仲裁中心建立了案件研讨机制，重大案件请所有同志共同研究，让大家感觉案件不只是某个仲裁员办的案件，而是仲裁中心办的案件，每个成员都应该尽职尽责，这个案件你帮别人出主意，那个案件可能就是别人帮你来分析，形成互帮局面。遇有工作难题，中心领导、处领导都冲在第一线，形成大家争着勇挑重担的喜人形势。

三、说服力

说服力是指通过说服、教育等多种形式的思想工作，转变观念的能力。在内部管理上，对于工作思路和工作方法上的分歧，需要说服；对有错误思想或行为的同志，要进行教育，必要时甚至要批评。在办案中，调解时要充分分析案情，向当事人讲清利弊，使其做出理性选择；送达不予受理通知书或裁决书时，要让当事人理解我们做出决定的事实理由和法律依据，配合仲裁文书送达工作，避免出现纠缠情况。

四、协调力

协调力是指通过信息沟通，充分整合内外资源实现目标的能力。我给协调力的功能定位是：不可或缺。仲裁中心成立之初，部内很多兄弟单位都不太了解为什么成立这个机构、这个机构是做什么的；全国人事系统很少知道成立了这个机构。我意识到必须要加强协调，让大家了解这个机构、支持这个机构。首先是扩大宣传；其次是到相关单位走访；三是召开座谈会，听取相关单位的意见和建议。在办案中，我们也是充分发挥协调作用，重大复杂案件的讨论经常邀请外单位的专家提供政策和智力支持。协调最重要的是真诚，仲裁中心的很多想法和提议都得到了相关单位的积极回应，促进了工作发展。

五、执行力

执行力是指对工作方案的实施和落实的能力。再好的规划和设想，也需要通过执行才能取得效果。执行，一是要严格规范，二是要注意授权与监督。在内部管理和办案方面，要一丝不苟、照章办事，杜绝主观偏差。这一点上，以身作则非常重要。我一直是仲裁中心最遵守工作时间的，结果不用我反复要求，同志们都能保持良好的出勤率和在岗时间。仲裁委员会的办案机制是指定仲裁员办案，这就涉及授权问题，这方面我着重抓了监督。我们建立了案件责任人制度，每个案件由一名仲裁员负责到底；只要时间允许，我就旁听案件庭审活动；每个案件的卷宗我都认真查阅；在裁决书审核时更是严上加严。我的监督增强了仲裁员的责任感，保证了办案质量。

六、前瞻力

前瞻力是指观察外界、寻找机会的能力。当后来劳动争议和人事争议关系得以理顺、劳动人事争议处理工作健康平稳发展时，我们准确捕捉到大数据时代的发展契机，成立了统计调查中心，为人力资源社会保障各项工作提供支撑。尽管又是创业之初，但前途很光明，道路很宽广。

七、应急力

这项能力对仲裁活动尤为重要。我们经常遇到当事人不服仲裁决定的情况，但每次都能妥善化解。处理突发事件，一是要保持冷静，遇到再难的事，也不要慌，这是个前提；二是要控制局面，避免情况恶化，有当事人冲突的，要先把他们隔开，有当事人情绪激动的，要先让他平静下来；三是积极解决问题，要分析原因、辨明是非，提出解决方案，这个时候要坚持原则性与灵活性相结合，从以人为本的角度看待问题；四是说服引导，努力获得当事人的信任，使其接受我们的决定或建议。处理突发情况的心态，最好要换位思考，多宽容别人、理解别人。当然，遇到过激的言行，我们也充分利用法律武器保护自己、果断报警，避免不必要的侵害。

总之，我认为，无论从事哪个行业，无论担任哪个级别领导职务，通用的领导力都是不可或缺的；领导力能推动工作发展，工作实践又能进一步提升领导力，二者是辩证统一、互相促进的。

【案例点评】

在新组建的机构中开展工作，是领导者面临的一项重要变革。案例中采取了几项措施：一是充实人员，健全工作队伍；二是建章立制，用制度抓管理；三是研究业务，探索工作机制；四是沟通协调，优化发展环境。

从案例中可见，变革和创新的中心是人，是做人的工作。变革和创新的基础是制度，是抓好制度的设计和执行。

案例二

推动欠发达县域实现跨越式发展

江苏省科协　陈惠娟

【案例描述】

一、案例背景

如皋滨江近海，与苏州张家港市隔江相望，人口 145 万，面积 1477 平方公里，是沿海最早对外开放的地区之一。但由于诸多原因，如皋先后错失了 20 世纪 80 年代乡镇企业发展和 90 年代第一轮对外开放的机遇，“九五”期间经济发展更是滑入低谷，社会保障基金在江苏第一个出险，农村合作基金在江苏最早爆发兑付风险，政府集资在江苏最早出现问题，城市信用社在江苏最早挤兑冲垮，与先进地区、兄弟县市的差距不断拉大，是江苏有名的人口大县、农业大县、经济弱县。2002 年，如皋人均 GDP 仅有 5858 元，是全国的 74%、江苏的 41%。

担任如皋市委书记伊始，面对发展落后的切肤之痛，面对新世纪新一轮区域经济咄咄逼人的激烈竞争态势，面对全市干部群众要求甩掉贫困的帽子、赶超先进地区、提升幸福指数的迫切期望，我在市委全委扩大会上向全市人民承诺：“迅速改变落后面貌，让改革开放成果最大限度惠及百姓。”然而，怎样才能在经济基础薄弱、人均资源不足的欠发达地区实现跨越发展呢?

二、挑战和困难

围绕这一问题，我组织四套班子领导和各镇（区）、部门负责同志到苏南的昆山、张家港、江阴等地学习取经，通过认真分析发达地区的发展规律，客观研判如皋发展所面临的机遇和挑战，我意识到，如皋基础差、底子薄、欠账多，要想实现跨越发展，必须将开放型经济作为区域发展的主引擎，将创新型经济作为主动力，实施开放带动、创新驱动发展战略，吸聚更多资源推动经济社会科学发展。

决策提出之初，不要说普通党员干部，就是市四套班子领导对此也是疑虑重重。当时，不少领导干部的心态是：如皋太穷了、太落后了、政情太复杂了，多向上面要点钱，守住摊子，有多少钱办多少事，保住稳定就不错了，怎敢奢谈跨越发展?!

三、探索和努力

针对种种疑虑，我组织开展解放思想大讨论，在全市上下牢固树立“发展是第一要务、科技是第一生产力、人才是第一资源”的理念。如皋地处长江经济带和沿海经济带“T”形交会处，在新一轮区域经济竞争中，要抢占制高点，步入快车道，就必须有效利用独有的区位优势和资源优势，以沿江开发开放为突破口，打造经济发展新增长极，才能为如皋赢得新机遇、拓展新空间，带动区域经济持续跨越发展。

随后，我邀请一批全国港口经济领域的权威专家，编制如皋沿江开发总体规划：定位将沿江地区打造成县域经济的增长极，融入苏南、接轨上海、走向世界的桥头堡，建设全面小康的突破口。着力打造长三角最具竞争力的先进制造业基地之一、长江流域最具活力的现代物流基地之一、上海都市圈最具魅力的生态旅游休闲基地之一、沿江经济带最具吸引力的宜居宜商的现代化滨江新城之一，并响亮地提出了“一年大变、三年突变、五年巨变、八年再造一个如皋经济总量”的宏伟目标。

2004 年，我获悉上海阳光集团有意与造船业领军人才陈强合作建设大型海洋装备项目后，立即组织专家对如皋引进此项目进行科学论证：一是中国是一个海洋大国，必将成为海洋装备强国，前景广阔；二是一个海洋装备项目能带动系列配套产业，项目拉动性强；三是“民营资本 + 领军人才”，强强联合，机制灵活；四是如皋有 20 公里的江岸线，深水贴岸，微冲不淤，是建造海洋装备的天然良港；五是国务院出台相关政策意见，鼓励发展船舶海洋工程装备制造业。

带着科学论证结果，我作出举全市之力引进上海阳光集团投资的战略决策。为此，我专题建立项目领导小组，经过多个回合的艰苦谈判磋商，阳光集团终于被我们的诚意所打动，正式决定在如皋沿江建设熔盛重工。当时不少同志疑虑重重，从熔盛选址的外部条件限制，到怀疑 100 亿元的投资实力，再到项目审批过程中的重重阻力，每前进一步都要付出巨大的努力。在当时沿江建设海洋装备产业项目，首先必须突破国务院长江流域水利规划，这还是20世纪50年代周总理批准的，规划确定该区域为泄洪区。为此我牵头组织全国顶级水利专家进行论证，专家们一致认为该规划早就不符合现状，应当进行调整。为此，我借助全国人大会议等各种机会积极向上争取，遵循科学论证的依据，通过艰苦卓绝的努力，国务院终于批准对长江流域水利规划实施修编。为了促进产业资本的高效集聚，我带领项目团队到美欧等地进行考察洽谈，成功促成高盛、摩根大通等国际投行参股投资。在用地审批、环境评价、项目建设等过程中，每当紧要关口，我都要顶着常人难以想象的压力，通过不断地解放思想、奋力拼搏、创新突破，才走到了今天，收获了成功。

四、成绩和收获

短短五年时间，熔盛建成了中国最大的民营造船企业、国家级工程技术研究中心，造就了全球最短建厂周期、国际单笔最大船舶订单、世界最大船坞、苏伊士油轮市场占有率近全球总量的三分之一等一个又一个世界奇迹。2010年在香港挂牌上市，成为当年港交所的最大IPO上市公司，募集资金25亿美元，为如皋经济社会的持续腾飞、为振兴民族工业品牌做出了重大贡献。

随着沿江开发的深入推进，飞速发展的如皋港对口岸开放功能越来越迫切。2005年以前，每当进出口船舶靠岸装卸，都要到几十公里外的南通海关等联检部门进行“一船一议”，不但效率很低，还要付出大额费用，通关成本很高。经过认真调研思考，我提出把握机遇，高点定位，申报国家一类口岸，但一盆盆冷水泼面而来：中央部门的答复是，21世纪以后中央原则上不再新批县级国家一类口岸；不少人甚至讥笑如皋是异想天开，甚至有人怀疑如皋是不是要闹独立。参与申报的一些同志打起了退堂鼓。在种种压力之下，我丝毫没有退缩，我想只要有一线希望，就要做百分之百的努力，不留余地，勇往直前，变不可能为可能。为了如皋港一类开放口岸的申报，我带领一班人说尽千言万语，反复申述理由；吃尽千辛万苦，寻找推介机会。2008年12月，国务院正式批准如皋港为国家一类开放口岸，这是新世纪建成的首家县（市）级一类口岸，为如皋迈入大港时代、走向蓝色文明、登上世界舞台，打开了更加宏阔的大门。

我将创新驱动作为区域经济发展的核心战略。2008年，在充分考察调研的基础上，我不失时机提出将发展服务外包和软件产业作为推动城市发展、优化产业结构、实现转型升级的强力引擎，决定在紧邻市政府的城市黄金地块，建设服务外包、软件研发、科技孵化产业园。决策一提出，从领导到基层，人们纷纷提出疑问：三线城市是否具备发展服务外包、软件产业的条件？在如此黄金地块建设软件园，代价是否太大？为此，我通过各种会议、通过组织到外地参观，统一思想认识，使全市上下充分认识到：只有跟上新兴技术革命步伐，努力推进工业化信息化互动并进，二、三产业融合发展，才能为区域经济协调可持续发展赢得先机。经多方争取，如皋软件园被批准为国家级科技孵化区、省级软件园和高新区。随后三年时间引进上海晟峰等软件企业200余家，从业人数达3万多人，集教育培训、创新研发、创业孵化于一体的国家级软件园初步形成。

实施开放带动与创新驱动战略，形成了区域经济新的竞争优势。至2012年，如皋相继建成全国科技进步示范市、国家级生态示范市、国家卫生城市、国家环保模范城市、国家园林城市、中国优秀旅游城市、全国文化工作先进市、江苏省文明城市、江苏历史文化名城、江苏法治建设示范市，全国县域经济基本竞争力由196位上升到26位，荣膺中组部评选的全国践行科学发展100个示范县（市）称号。

【案例反思】

在工作实践中我深深地体会到：作为一名女性领导干部，需要具备一些过硬的素质和能力。

第一，要有宽阔的视野、思路和胸襟。心有多大，舞台就有多大。对于现代社会的女性领导干部而言，就是要拥有志存高远的目标定位，有坚定的理想信念和人生信仰，有战略性的思维、国际化的视野和现代化的理念，矢志不渝地追求自身价值的实现。眼界和思路是否宽广，对成就事业至关重要。申报如皋港国家一类开放口岸，这在当时被认为是不可能实现的目标，实践证明，它的成功获批，有力推动了现代港口物流业的迅猛发展，激发了整个区域经济的发展活力。

第二，要有科学果断的决策力。领导干部的决策能力至关重要。推动长江流域水利规划修编，这在当时被认为是“鸡蛋碰石头”，对此我坚持科学决策、尊重科学、尊重规律、尊重实践、长江流域水文条件已经发生变化，那我们原来的规划本本条条也应该随之改变。实践证明，上层建筑适应经济基础是适用于古今中外的一条普遍规律。

第三，要有担当负责的魄力。责任担当是领导干部必备的基本素质。特别是对于女性领导干部，更要具有敢作为的勇气、善担当的智慧和勇负责的胆略。在地方板块工作时，先后经历了国家各类执法检查，作为一把手必须要有敢于担当负责的精神，只要是为事业发展而担当，为人民利益而负责，就在所不惜。包括我在科协工作期间，在推进学会承接政府转移职能之初，也有许多来自不同方面的杂音，政府部门不理解，认为科协组织是不是要“争权”，特别是在“双创”评审过程中，由于其社会关注度极高，如果不能承接好，那责任谁也担负不起，其压力可想而知，这时敢于担当负责的精神显得尤为重要。

第四，要有开拓进取的创新力。我们面临着全球一体化的经济，随着信息化、智能化时代的到来，倒逼我们必须突破传统习惯，强化改革思维，树立创新意识。在沿江开发开放接近饱和之际，我不失时机提出建设科技城（软件园），打造了区域经济又一增长极，有力促进了经济社会全面协调可持续发展。在推动学会承接政府职能工作中，我创新培育和发展科技类社会组织，积极争取党委、政府的多方支持，引导学会实行政社分设，着力推进学会创新发展，不断增强其承接政府职能的能力。

第五，要有一抓到底的执行力。我始终坚持一级带着一级干，一级干给一级看，为班子树样子，共启愿景，激励共行。在市委工作时，我提出常委班子向我看齐，通过以身作则、高点定位、挑战自我，以自身实际行动感召和激励大家向着共同目标前行。在推进学会承接政府职能工作中，我始终坚持日常例会、现场会商、阶段评估等制度，主动深入学会群体，协调解决具体问题，并形成了科学规范的实践操作范例。实践证明，认准的目标就必须一以贯之去执行，只要坚持不懈、持之以恒、勇于追求，不为挫折所困，不为舆论所扰，就一定能够走向成功、成就事业。

【案例点评】

主政一方，需要有超强的变革领导力。正如习近平总书记所言：“干部不能干一年、两年、三年还是涛声依旧，全县发展面貌没有变化，每年都是重复昨天的故事。”领导活动的本质就是通过推动和引领变革，来促进各项事业的科学发展，并在变革中实现领导的价值。

靠什么实现变革？案例中作者概括得好，一靠尊重科学，二靠尊重规律，三靠尊重实践。

案例三

"人才驱动"战略助推无锡转型

中共江苏无锡市委组织部　朱劲松

【案例描述】

一、相关背景

无锡是民族工商业的发源地，是乡镇企业的发祥地，是苏南模式的创设地。在率先发展的同时，无锡也率先进入了经济转型升级阶段。在迈入经济全球化和知识经济新时代的今天，面对经济发展新常态，怎样转型、如何升级、如何整合创新资源和创新要素，通过引进各类人才实现创新驱动？围绕解决这一问题，近三年来，我们积极探索，创新实践，择天下英才而用之，引领推动经济转型升级。

二、问题挑战

我 2011 年到无锡工作，当时无锡的人才工作在全省乃至全国都有一定影响，但也存在一些问题，比如，重政府强势推动，轻企业主体、市场作用的发挥；重海外高端人才引进，轻国内优秀人才使用；重"一个人才带来一个产业"的创业模式，轻人才对传统优势产业转型提升的引领和支撑；等等。

2012 年年初，我们无锡发生了一场不大不小的争论，争论的主题是人才政策的调整完善，而争论的焦点主要集中在是否将诺奖得主的引进列入文件政策。正方说，当年的乡镇企业家们创造苏南模式的奇迹，靠的是两条，一条是"四千四万"精神，另一条是企业引进"星期天工程师"解决发展的技术创新瓶颈；现在是经济全球化时代、知识经济时代，为什么不能引进海外顶级的"星期天工程师"，推动无锡经济创新发展？反方说，无锡是三线城市，城市的影响力、辐射力、科教基础非常有限，世界顶级科学家怎么可能到无锡来？想法是好的，但是有些天方夜谭。虽然引进诺奖得主的条款列入了文件，但是争论还在延续。

三、案例梗概

2012 年 9 月下旬，我带着小团队飞到美国波士顿，沿着创造过世界科技创新奇迹的 128 公路，来到一家研究中心，拜访了一位科学家——1993 年诺奖得主，理查·罗伯茨教授。在三个多小时的交流互动结束时，教授邀请我单独合影。我的团队用相机捕捉到了精彩的瞬间：我看着团队和相机在微笑，教授看着我微笑。这微笑的内涵是什么呢？我知道我们那句“科学无国界，科学成果全人类共享，多一个平台，帮助您实现造福人类的人生愿景有什么不好?”那句话让教授的心态和目光发生了变化。这微笑之后的行动又是怎样的呢？2012 年 12 月下旬，教授来到无锡，成为我们的荣誉市民，在无锡设立了理查·罗伯茨生物医药研究中心，与无锡民营企业合作成立了众森源生物医药有限公司。那一天载入了无锡的城市记忆。

一花独放不是春。2014 年 1 月，我带着小团队，飞到了瑞典斯德哥尔摩，拜访了卡罗林斯卡医学院的教授、诺奖得主塞缪尔森及其团队。之后我们参观了诺贝尔奖纪念馆，我们在那里找到了已经与无锡牵手合作的 5 位诺奖得主，真的有他乡遇故知的感慨。在诺贝尔广场北边的小咖啡店里，我们捧着硕大的杯子，畅谈着、碰撞着未来之路。到 2014 年年底，我们无锡共引进了 9 位诺奖得主、11 位外国院士与民营企业牵手合作，其中 4 位诺奖得主拿出了真金白银，分别参股 51%、49%、32%和 5%，形成了独特的诺奖“无锡板块”。

四、具体做法

（一）明确努力方向，推动理念更新

为解决无锡人才发展瓶颈问题，在市委的领导下，我带领有关部门和同志在全市开展了广泛深入的调研，进一步解放了思想、更新了理念，理清了思路、明确了方向。一是力促认识提升，习近平总书记在去年中央财经领导小组第七次会议上提出了“创新驱动实质上是人才驱动”的重要论断。我们以总书记的“创新驱动实质上是人才驱动”的讲话精神统一思想，研究制定党管人才的《实施意见》，党组织对人才工作的领导更加有力，人才优先发展的战略布局更加确立。二是力促思路创新，人才工作从原来的“一条腿”走路（政府强势推动），转变到现在的“四轮驱动”（政府导向、企业主体、市场决定、环境承载），人才工作实现了新发展、

新跃升。三是力促工作转型，注重发挥政府和市场两手作用，整合国际和国内两种资源，构建了以用为本的立体式、多层次的各类人才体系。同时，我们还与麻省理工学院建立国际技术转移中心，与芬兰等国家开展联合创新行动，与清华大学等全国20多所高校开展政产学研合作。近三年来，全市新增各类人才近30万人，人才总量达到145万人，其中高层次人才9.6万人，海归人才近万人，高技能人才超过26万人，全市规模以上企业97.3%建立了研发中心，高新技术产业产值占规模以上工业总产值的41.5%，位居全省第二。

（二）创新工作路径，推动引领示范

我经常会跟同志们探讨工作创新的问题，也一直都认为创新不能搞“无本之木、无源之水”，而是要在总结经验、继承传统的基础上，立足实际，发扬特色，努力探寻出一条走向成功的道路。2014年以来，我们把人才工作的平台载体和工作阵地作了延伸拓展，意在以点带面、传动示范，努力达到点面结合、整体提升的目的。一是在市（县）区层面，我们通过开展争创人才工作优秀市（县）区等活动，推动板块认识提升、投入到位、工作落实，引导他们立足自身实际，实现特色发展、错位发展。二是在开发园区层面，认真贯彻习近平总书记提出的“学会招商引资与招人聚才并举”要求，制定下发《关于推进全市省级以上开发区人才工作的通知》，构建“双招双引”七项机制，把开发园区建设成为产业和人才的双集聚高地。三是在乡镇街道层面，总结推广“一园区一产业、一镇（街道）一研究院、一企业一中心（站）”的特色模式，加强产学研资用协同创新。注重发挥无锡籍专家教授、高端人才、行业翘楚等人脉优势，进一步拓宽招才引智渠道，力促人才、企业双赢发展。四是在产业行业层面，一方面围绕“产业链”打造“人才链”，构建以产引才、以才促产、产才融合的良性格局；另一方面以行业协会为依托，选择一批特别具有创新动力和创新能力的企业代表，创设活动载体，示范带动同行业的企业家转型发展的认识提升、能力提升。五是在企业层面，通过组织开展调研、走访、培训、头脑风暴、主题对话等多种活动，唤醒、点燃、激发企业家创新兴企、引才爱才、用才育才的主体意识和主体责任。强化柔性引才，引导企业借智发展，已引进外国专家、海外智力项目55个，有效地助推了企业的创新发展、转型发展。

（三）整合各类资源，推动形成合力

整合资源、凝聚资源的能力，特别是凝聚人力资源的能力，应该成为领导干部执政能力的重要一环。在具体的工作过程中，我始终牢固树立全市“一盘棋”思想，注重加强统筹协调，倾力汇聚各方资源，增强了工作推进的整体合力，有力地保障了各项工作的推进落实。一是凝聚部门力量，我们创新履行牵头抓总职责，拓宽工作领域，拓展工作力量，积极支持配合人社、科技、经信、发改、财政、商务等职能部门以及各企事业单位在职责范围内开展工作，同时引导和支持工青妇、科协、贸促会等群团组织以及各民主党派、工商联、无党派人士等社会力量积极主动地参与人才工作，共同推动人才工作各项任务的落实。二是建强工作队伍，实施“基业长青”企业家培育工程，采取集中培训、上门送训、优秀企业家“星火燎原计划”等形式，转变创业理念，提升创新能力。开展开发园区“双招双引”实务培训，把招商人员培养成人才工作的“行家”，把招才人员培养成熟悉经济工作的“里手”。加强乡镇（街道）党政分管领导和组织委员的培训，使基层人才工作者队伍工作更加有力。采取专题调研、现场观摩、成果展示等形式，凝聚思想共识，加强分类指导，引导各有关职能部门分管领导及工作人员，立足自身实际，发挥职能作用，抓好承担任务的落实，形成齐抓共管、责任共担的工作机制。三是开展科学考核，注重发挥考核“指挥棒”作用，突出人才质量效益的考核，加大引进高层次人才数、入选国家和省重点人才工程数、人力资本投入占 GDP 比重等指标的权重，把考核结果运用到干部实绩考核中，推动形成了人才工作的鲜明导向。

（四）把握内在规律，推动环境营造

领导力的展现，前提是要充分认识规律，并按事物发展的内在逻辑和客观规律办事。人才竞争的背后，实际上是人才环境的竞争。因此，我们坚持把为各类人才健康成长、充分发挥作用营造良好环境这项工作摆到重要位置，常抓不懈，久久为功，逐步构建起良好的创新创业生态系统、尊重人才见贤思齐的社会环境和人人渴望成才努力成才的社会风尚。一是完善服务体系，主动适应市场作用从“基础性”到“决定性”的转变，充分发挥市场在人才资源配置中的决定性作用，通过市场来促进人才资源合理流动、优化配置。近年来，我们完善创业服务体系，引进培育猎头公司，加快建设人力资源产业园区，加快培育人才资源市场，积极引进科技金融机构，切实提高了服务人才创新创业的水平。二是培育创新文化，按照“兼容并蓄”的思路，进一步培育和弘扬“敢为天下先”的精神和“鼓励创新、宽容失败”的文化，大力提高创新发展、转型发展的“软实力”。开展“人才强企新闻行动”，利用网络、电视、广播等各类媒体，加大对人才创新创业先进典型、先进经验的宣传报道，培育全社会的创新精神，推动形成百姓创业、大众创新的氛围。三是优化社会环境，开展“优秀人才贡献奖”“留学回国人员创业奖”评选活动，对发挥重要作用的海外高层次人才聘请为市政府特聘专家。实施高层次人才安居工程，建成 1 万余套人才公寓。构建“咖啡屋 + 人才”的创意模式，组织交流联谊、

对接洽谈等活动23场次，推动人才交流思想、创业合作。

【案例反思】

一是把握大势、遵循规律。无锡人才工作始终以习近平总书记系列重要讲话精神为指引，积极主动适应新常态，适应经济全球化和知识经济时代的新趋势，认识规律、把握规律、运用规律，持续引领着无锡经济发展转型提升。实践证明，只有坚持在全局下思考和行动，特别是把握好江苏实际和无锡实际，坚持和运用好在实践中形成的规律性认识，我们的工作才能更加有为有位、彰显价值。

二是明确目标，愿景引领。择天下英才而用之，推进全市经济社会转型发展，是无锡人才工作的目标愿景。基于这个目标，在市委的坚强领导下，全市各级各部门和广大人才工作者矢志不渝、坚定执着地推进“人才强企”战略，人才工作更加务实，质量效益明显提升。实践证明，无论做什么工作，只要立足实际，找准定位，做到心中有愿景、眼中有目标、手中有抓手，就一定能够取得不俗的成绩。

三是整合资源，扬长补短。人才工作是个系统工程，近年来，我们坚持党管人才原则，充分发挥各方面积极性创造性，扬长补短，携手攻坚，在全社会营造了浓厚的创新创业氛围。实践证明，只有统筹协调、调动各方，突出重点、攻坚克难，才能形成工作推进的整体合力、实现工作水平的全面提升。

四是问题导向，改革创新。回顾往昔，无锡人才工作一路走来，虽然伴随着争论和质疑，也出现过困难和问题，但正是由于强化问题导向，勇于改革创新，狠抓工作落实，从而有力地推动了人才工作的转型提升。实践证明，只有凡事两点论、两面想，既看到成绩、也发现问题，既总结经验、也看到差距，既勇于探索、又稳步前行，既默默工作、又踏实干事，才能确保各项工作切合实际、行之有效、行之久远。

五是编织情感，责任担当。我经常会用这样一句话来鼓舞同志们的士气，“我们热爱这个城市，就要为它做些什么，哪怕是一点点都行”。我也一直用它来激励自己，真诚做人，激情干事，履职尽责，敢于担当。最近，国务院批复江苏启动苏南自主创新示范区建设，这对我们来说，既是机遇，更是挑战。人才工作的探索和实践告诉我们，在创新驱动战略实施过程中，提升领导力还有更大的空间、更大的作为，我们有信心迎接并接受更大的挑战。

【案例点评】

创新是“无中生有”，但不是“无本之木”，实践是创新之本。创新需要立足实际，找准定位，做到心中有愿景、眼中有目标、手中有抓手。

创新是“扬长避短”，需要整合资源。案例中的无锡从实际出发，以“人才强企”为核心，强化问题导向，坚持营造有利于人才工作的环境。

创新不仅仅是领导的创新，还是团队的创新。正如基辛格博士所言：“领导就是要带领他的人们，从他们现在的地方，去往还没有到过的地方。”

四川质监系统分级管理体制改革

四川省质监局　郭春英

在突发事件或重大变革的面前，如何妥善处置，是对领导力的重要考验，也是提升领导力的重要契机。质监行政管理体制调整是一项重大改革，涉及人、财、物及机构等方方面面，而且这些方面相互交织，情况错综复杂。作为省级质监部门的主要领导，我亲自组织了四川省质监系统的体制调整改革工作，其间历经艰难困苦，也走过柳暗花明，最终取得了圆满成功，体会很深，收获也很大。经历这一过程，我深刻体会到，领导力是领导者组织和激发一定范围内的成员，依靠一定的客观条件，以最小的组织成本发挥最大的组织效率，最终实现组织目标的一种能力。

【案例描述】

一、相关背景

2011 年 10 月 10 日，国务院办公厅发布了《关于调整省级以下工商质监行政管理体制加强食品安全监管有关问题的通知》，要求“将工商、质监省级以下垂直管理改为地方政府分级管理体制，业务接受上级工商、质监部门的指导和监督，领导干部实行双重管理、以地方管理为主”。2013 年中共中央、国务院发布了《关于地方政府政府职能转变和机构改革的意见》，要求加快政府职能转变和机构改革步伐，并进一步明确工商、质监省级以下垂直管理实行分级管理。四川省委、省政府高度重视，随即启动了工商、质监行政管理体制改革。

二、面临挑战

（一）初任局长面临大变革

这次质监行政体制调整，是垂管十五年来又一次大调整、大变革。全省质监系统1万多名干部职工的命运就此发生变化，广大干部感情上接受不了，有的干部工作热情大减。如果处理不好，不仅改革将会受阻，还可能引发群体性事件，造成社会不稳定，后果极为严重。这是摆在我们面前的一个重大而严峻的考验。同时，这也是刚担任省质监局党组书记、局长不久的我面临的第一个重大事件，更是对我个人领导力的严峻考验。

（二）人心浮动压力大

改革前，全省异地交流处级干部11名、科级干部39名，纷纷要求回原籍工作，解决难度很大；因系统干部最高任职年限高出地方2～3岁，体制调整后，有20余名处级干部和100多名科级干部将改任非领导职务、退居二线，干部意见很大；尤其是质监部门人员编制数明显高于地方同级部门，体制调整后，质监部门人员编制极有可能被调减。人的问题解决不好，就好比是一座活火山，随时都可能爆发。

（三）经费保障可能削弱

改革前，全省质监系统人均财力达13.5万元，高于地方同级部门，体制调整后，地方政府必然会调减人均财务，特别是财力较差的地方和民族地区，削减幅度将更大；受地方党政重视程度和财力所限，行政执法、技术装备、检验检测、标准化、食品和特种设备安全监管等专项经费，在一些地方将可能无法保障，国办48号规定的“行政执法、技术装备和检验检测全部纳入财政预算”的执行力度将大打折扣。财的问题解决不好，就会失去民心，埋下不稳定的隐患。

（四）行政和检测机构面临撤并

体制调整后，由于受机构职数限制，一些地方基层局可能被撤并。同时，检测体系“一盘棋”的格局将被打破，县市区低水平检测实验室将会重复建设，检测质量难以保证。机构的问题解决不好，质监履职尽责的能力将会大大削弱，中央和省委的要求得不到有效落实，省局的领导能力会受到质疑。

三、对策

这些问题每一个都相当于是一片雷区，改革就是要成功越过这一片片雷区。如何顺利排雷？我和省局党组班子，在省委、省政府的坚强领导下，五路用兵，打了一场漂亮的改革攻坚战。

（一）抓组织，加强集体领导

“众人拾柴火焰高”，面对这样的大变革，决不能靠个人的单打独斗，必须紧紧团结和依靠班子成员以及相关处室负责人，尤其是班子中资历深、见识广的老同志，只有大家群策群力、齐心协力才能解决一个个困难。所以，我第一步就是召开党组会议，将党组思想统一到国务院和省委省政府的决策部署上来。成立了以我为组长的四川质监深化行政体制改革领导小组，下设人事机构、事权、计划财务、技术机构、纪检监察五个工作组，分别承担相关工作。同时，局领导蹲点包片联系指导 1 ～ 3 个市（州）质监局行政体制改革工作，督促落实改革安排部署，协调帮助解决困难问题。通过“搭班子，分任务”，把领导者个人的压力转化为组织集体的合力，提高了领导力。

（二）抓教育，统一思想认识

“人心齐，泰山移”，“思路决定出路”。我认为，改革首先要统一思想。为此，我抓住各单位“一把手”这个“关键少数”，首先统一各市州质监局长的思想，召开全省质监系统改革工作会议，并前后三次召开座谈会，统一了各市州局长的思想。然后，通过各市州局长，层层统一思想，省局班子分别下基层，与干部职工交心谈心，让大家认清大势、顾全大局，配合改革、主动改革。

（三）抓问题，做好顶层设计

改革毕竟是利益的调整，动了干部职工的“奶酪”，除了思想安抚，更重要的是直面问题、解决问题。这正如拿破仑对领导者角色的诠释：“明确现实，再给予希望。”为此，我要求局领导带领相关处室深入调查研究摸清底数，多次组织法规、人事、财务、科技等部门深入 20 个市州局和有关县区局进行调研，摸清了存在的主要矛盾和突出问题。在此基础上，我们双管齐下，一是利用多种场合、通过多种渠道，向省政府主要领导和分管领导汇报，向省委编办积极反映问题、争取支持。二是要求五个业务组加强与相关厅局的业务沟通、强化政策协调，尤其是对财政厅、人社厅等关键厅局多次登门拜访，争取支持。

（四）抓政策，用好“尚方宝剑”

“读懂弄通政策”“用活用好政策”是领导的必备素质，也是推进工作的重要法宝。我们充分抓住了国家质监总局等五部委联合出台《关于调整省级以下质监行政管理体制的指导意见》的契机，多方协调沟通。同时，借势借力，通过转发文件，提出更加具体的要求，有效解决了有关“人”“财”“物”和“机构”等系列难题。

（五）抓交接，“一市一策”推进

区别对待，成熟一个，改革一个，既是对领导组织力的要求，也是工作的实际需要。由于个案分析、区别对待，节奏掌控合理，交接工作非常顺利。

四、效果

（一）按期完成了划转任务

截至2014年12月19日，划转全省质监系统省以下行政机构175个；划转各类编制7930名，划转在职及离退休人员7403名，移交省局管理人员档案共226份，没有出现不稳定情况，没有发生重大质量安全事件，得到了省政府和国家质监总局领导的充分肯定。

（二）保障了干部职工利益

全系统妥善安置交流归位干部50名，其中，处级干部11名、科级及以下干部39名。特别是推荐了十余位优秀干部到地方政府交流任职。人员社保和养老保险得到保障。

（三）促进了事业的发展

全省20个市州质监局均作为同级政府工作部门，泸州、内江、自贡、资阳等多个市州还增加了质监工作职责、内设机构、领导职数和人员编制，部分县级质监局保留并升格为同级政府工作部门。同时，抓住体制调整机遇，推动建立市州综合性检测平台。一方面推进了市州政府综合性检测平台建设，在我省资阳、宜宾等市开展试点，并得到当地政府的大力支持；另一方面，推动了政府检测机构与社会资源整合。

【案例反思】

结合四川质监体制改革划转的具体工作实际，我对领导力有三点体会。

一是领导力就是思想力。思想是行动的先导。思想的高度决定行动的力度。在推进质监体制改革的过程中，我始终注重思考，提出了工作思路，指导完成改革任务。在认识上，我认为质监体制改革是党中央、国务院全面深化改革重大部署在质监系统的具体体现，必须不折不扣完成；在把握上，我提出质监体制改革要实现

“两确保”（确保平稳划转、确保调整期间不发生质量安全事故）、三加强（检测能力得到加强、质监职能得到加强、质检事业得到加强）；在方式方法上，我提出争取三个支持（争取总局支持，争取省委省政府及相关部门支持，争取市州党委政府支持），顶层设计全省质监体制改革；在工作重点上，我提出质监体制改革三个重点（人权、财权、事权）；在组织推进上，我提出建立领导联系指导机制，充分依靠班子成员及全系统干部职工的智慧，群策群力推动；等等。这些思路和思考，为全省顺利完成移交划转提供了指导和保障。

二是领导力就是组织力。组织能力是指根据工作任务，控制、激励和协调群体活动过程，使之相互融合，从而实现组织目标的能力。在推进质监体制改革中，我始终把组织力放在优先位置，统筹把握系统内外各项工作，组织协调抓好落实。对国家质监总局方面，组织相关人员及时了解全国各地质监体制改革情况，积极汇报四川改革进展，争取总局支持；对省委省政府方面，组织相关人员积极做好汇报，推动省政府出台（川办发〔2014〕30 号）文件；对省级相关部门方面，组织相关人员协调省委编办、财政厅、人社厅和省发展改革委等五部门，共同转发了 175 号文件；对市州党委政府方面，组织省局班子成员加强联系沟通，争取理解支持；对全省系统内部，组织相关人员奔赴各地调研，及时制订了《四川省质监行政体制改革实施方案》，明确了资产、经费、人员划转原则及方法步骤。这些有效的组织，为顺利推进质监体制划转奠定了基础。

三是领导力就是执行力。执行力对个人而言就是办事能力，对团队而言就是战斗力。而衡量执行力的标准，对个人是按时按质按量完成自己的工作任务，对单位就是在预定的时间内完成工作目标。我在推进质监体制改革中，始终把执行力放在突出位置，倒排时序，明确责任，确保各项工作按时完成。

在推进质监体制改革过程中，也还有一些不尽如人意的地方，结合这次学习，反思总结，对我的领导力将是一次新的提升。

一是预判形势跟进改革上做得还不够。质监、工商分级管理后，一些地方机构实行了整合。部分县级工商、质监、食药部门二合一或三合一，有的同一个市内机构设置不统一，有的机构名称混乱，有的叫市场质量监督管理局，有的叫工商质量技术监督管理局，还有的叫工商质量监督和食品药品监督管理局。我们在推进体制改革时，对分级管理后市县两级质监、工商部门的整合预判不够、估计不足，没有更加有效地争取政府支持，推动政府出台更加有利有力的政策支持。今后要进一步注重强化质监职能，发挥技术优势，扬我所长，主动作为。

二是深入市州调研指导做得还不够。在移交划转过程中，我虽然主动汇报，积极争取各方支持，尽一切可能把有利因素放大用好，把不利因素缩小减少，但对一些基层局存在的困难和问题估计还不充分、分析还不透彻，以至于个别市州进展缓慢，影响改革进程。今后要进一步重视和支持基层局的改革和发展，及时帮助解决改革发展中的困难和问题。

三是推动质监工作改革创新做得还不够。我个人也还存在一定的思维惯性，尤其是对如何加强和改进对质监业务工作的指导和监督、如何构建质监工作多元共治格局等方面，研究思考还不够深，开拓创新还不够。目前，我们已经制定并出台了《关于加强质监业务工作指导和监督的实施意见》，今后将进一步强化制度设计和机制创新，探索建立新形势下质监工作服务发展的体制机制。

【案例点评】

机构的体制改革是一项大变革。变革要成功，要抓好几个关键环节。

一是抓组织，加强集体领导。“众人拾柴火焰高”，案例中作者面临质监行政体制调整，不是靠个人的单打独斗，而是紧紧团结和依靠班子成员以及相关处室负责人，尤其是班子中资历深、见识广的老同志。大家群策群力、齐心协力，变革就有了成功的基础。

二是抓思想。作者抓住各单位“一把手”这个“关键少数”，统一思想，为推进工作提供了重要保障。

三是抓利益。改革毕竟是利益的调整，动了干部职工的“奶酪”，除了思想安抚，更重要的是直面问题、解决问题。

四是抓政策，用好“尚方宝剑”。借势借力，为形成改革合力奠定基础。

筹建宁夏回族自治区政务服务中心

中共宁夏回族自治区石嘴山市市委组织部　高瑞莉

【案例描述】

一、案例背景和面临挑战

2007 年 9 月 28 日，宁夏回族自治区政府召开效能建设大会，时任宁夏回族自治区代主席的王正伟同志在会上提出建设四个政府（即法治政府、服务政府、效能政府、廉洁政府），并提出建设自治区政务服务中心，随后在 2008 年 1 月召开的自治区第十次人代会上，他在政府工作报告中承诺：政务服务中心作为本届政府四个政府建设的重要平台，要在当年 5 月建成运行。

在这个背景下，2008 年 1 月 18 日，组织调我（当时我在宁夏财经职业技术学院任党委副书记）到自治区政府办公厅负责筹建政务服务中心。

2008 年 1 月 20 日到办公厅报到后才知，政务服务中心筹建办公室就我一个“光杆司令”，抽调的其他同志还没有选好。秘书长找我谈话，要求我春节（2 月 7 日）前拿出政务服务中心组建方案。面对新的工作、新的岗位、新的环境和组织交给的任务、领导的期望，我的压力非常大。静下心来，我开始想怎么办。

建设政务服务中心在当时属于新生事物，改革的阻力相当大：有些部门不愿进，观望等待；有些部门人进事不进，两头受理，体外循环。另外，所选办公地点为闲置几年的按商场标准设计的大厅，改造装修工程量大，加之行政审批事项清理、网络信息系统建设和制度建设等“软件”工作都是从零开始，要在“五一”节后投入运行只有三个月筹建时间。许多人心里都在打鼓，有些领导也为这项工作捏了把汗。

二、主要做法

我想必须制订一个好的方案。我用三天时间到我区仅有的五个市、县政务服务中心了解了相关情况，力求尽快熟悉政务服务中心工作。在春节（2 月 7 日）前一周会同自治区编办、法制办相关同志到吉林、安徽、天津省市政务服务中心（当时只有九个省市有政务服务中心）考察学习，一路走一路想，回来起草考察报告和政务服务中心组建方案。

整个春节期间，我没有出门，反复修改组建方案和学习政务服务中心相关的知识。春节后上班的第二天（2 月 15 日），自治区政府召开常务会议审定通过了组建方案。《组建方案》对中心的功能定位、职责、运行机制、管理模式、进驻厅局、进驻事项等进行了明确规定。应该说这个方案是一个比较好的方案，只要把方案落实好，就能确保良好开局。围绕怎么落实好方案，经过认真思考和梳理，我重点做好了三大块工作。

（一）如何落实好“两进驻一授权”，这是政务服务中心建设的核心

“两进驻一授权”就是审批事项、审批处室全部进驻政务服务中心，对审批人员要充分授权，这是政务服务中心建设的核心问题。只有审批事项和审批人员进驻政务服务中心了，审批权和审批人员服务态度才能得到监督，权力才能在阳光下运行。当时这样做对厅局来说相当于“革命”，难度极大。对此，我主要做了五方面工作。

一是密集请示时任自治区党委常委、政府常务副主席的齐同生同志，以及政府秘书长、办公厅主任等领导召开政务服务中心筹建领导小组会、工作专题会、领导小组会，解决问题。

二是上门拜访相关厅局长协调相关事宜，包括厅局在政务服务中心派驻窗口、审批事项要全部进驻、审批办公厅室整建制进驻、充分给窗口首席代表授权等。有的厅局，走访一次不行就两次，两次不行就三次，软磨硬泡，直到协调好为止。如自治区工商局最终不但审批了办公室整建制进驻政务服务中心，企业档案室也全部搬到了政务服务中心，企业登记注册实现了即时办理。

三是主动协调自治区政府督查室，由其牵头，会同自治区编办、政府法制办对各部门推行行政审批职能改革和进驻政务服务中心开展行政审批等工作准备情况进行督查。

四是积极请示领导同意。编发的政务服务中心筹建情况信息简报可直接报送自

治区党委、政府主要领导审阅，以此给各厅局形成压力，促使各厅局长高度重视行政审批改革工作。

五是高调、隆重举行政务服务中心揭牌仪式，营造浓厚的宣传氛围，激发窗口工作人员的使命感和荣誉感。2008 年 5 月 12 日上午举行的政务服务中心揭牌仪式，自治区四套班子有 9 名省级领导、3 名主席助理出席，时任自治区主席的王正伟同志和时任自治区党委副书记的于革胜同志亲自为政务服务中心揭牌。通过这些举措，较好地解决了“两进驻一授权”的难题，实现了“应进全进、一门受理”。除个别涉密部门和无审批事项部门外，自治区共进驻中心窗口部门 35 个，委托中心代（受）理部门 13 个；进驻事项 843 项，其中许可事项 551 项、非许可事项 292 项。进驻部门全部向派驻中心窗口的行政审批办公室主任出具授权委托书，明确审批权限，启用行政审批专用章，行政审批办公室主任负责日常用印的签批。

（二）如何抓好人员的管理和培训，这是政务服务中心顺利运行的关键

自治区政务服务中心进驻人员近 200 人，包括中心管理人员、各部门派驻人员、银行等延伸服务窗口人员、保安保洁等，职务、年龄和职责也有较大差别，有正厅级领导，有处级、有科级、有一般干部。这些来自不同单位的同志来到中心窗口工作，如何尽快进入工作角色，履行好政务服务中心“高效、便民、规范、廉洁”的服务宗旨，解决好人员管理和培训问题是确保政务服务中心顺利运行的关键。对此，我重点抓了五个方面工作。

一是制定工作制度和规范。主持制定了自治区政务服务中心值班长制度、一次性告知制度、满意度测评制度、窗口和窗口工作人员考核办法等 30 余项管理制度，印制了进驻部门、委托代（受）理部门《办事窗口索引》及《办事指南》。

二是建立考核机制。

三是建立监督机制。协调自治区监察厅向政务服务中心派驻监察室并设立行政效能投诉中心，负责各窗口及工作人员的纪律检查和行政监察工作。协调自治区政府法制办在中心设立行政执法监督和行政复议受理窗口，负责受理行政管理相对人对政务服务中心各窗口行政执法事项的投诉和行政复议申请。建立电子监察系统，对各部门窗口审批服务事项的受理过程、办理情况以及办结时限进行实时监控。

四是开展岗前培训。采取集中培训、实地参观和现场培训三种方式，对各部门派驻政务服务中心窗口工作人员进行了《行政许可法》、机关效能建设、礼仪规范、窗口管理、综合信息平台使用等方面的培训。

五是抓好跟进学习。针对政务服务中心运行后出现的新问题、新情况，在政务

服务中心稳定运行三个月后，组织窗口全体人员分批分期到吉林、安徽、海南、广西、天津五省（自治区、直辖市）和沈阳、大连、杭州、深圳四个副省级城市及部分市、县政务服务中心学习考察。通过参观学习，统一了思想，提高了认识，明确了方向，坚定了信心，对深入推进政务服务中心工作起到了极大的促进作用。

（三）如何调动工作人员的积极性，这是政务服务中心稳定运行的保障

各单位派驻政务服务中心窗口人员实行双重管理，人事、工资由原单位管理，日常工作、年度考核由自治区政务服务中心管理。到政务服务中心窗口工作后，与本单位领导、同事接触机会少了，对单位内部情况了解少了，许多人有被“边缘化”的感觉；加之在窗口工作接受办事群众监督、接受中心管理，不能脱岗，行为举止要求严、标准高，使得个别同志时有怨言、频发牢骚。针对这种情况，我做了六方面工作。

一是设立窗口人员绩效奖。积极请示政府领导和协调财政厅，针对政务服务中心窗口人员的特殊性，在享受正常的政府效能考核奖等奖项的基础上，设立窗口人员绩效奖，按照政务服务中心窗口人员考核办法，每年年底根据考核结果发放绩效奖。

二是协调自治区公务员局，提高政务服务中心人员年度考核优秀等次比例，由15%提高到20%。

三是协调人力资源和社会保障厅，每年组织优秀公务员疗养时，向政务服务中心窗口人员倾斜。

四是积极争取党委组织部和人力资源社会保障厅，将政务服务中心作为干部培养锻炼的基地。对于窗口工作表现好、成绩突出人员，亲自上门向派驻单位厅局长汇报他们的工作表现，帮助解决职级待遇。先后有7名同志得到了提拔使用。

五是积极争取自治区外专局国外培训项目。连续三年组织窗口符合条件的首席代表和市县政务服务中心负责人到美国、英国学习培训。

六是坚持每年举行一次政务服务中心趣味运动会，丰富中心人员文化生活。

通过这些具体的、实实在在的措施，增强了窗口人员对政务服务中心的认同感、归属感，有部分窗口人员和首席代表至今还在政务服务中心窗口工作，我也和大家结下了深厚情谊。

【案例反思】

一是执行力是领导力之基。管理学家彼得·德鲁克说过：“管理就是正确地做事，领导就是做正确的事。”这时候就需要坚决执行自治区党委、政府的决策，坚决抓贯彻，认真抓落实，不打折扣，不掺水分，更不能搞“上有政策，下有对策”，在执行的过程中要勇于担当，要求真务实，这样才能将这一惠民为民的事情办好、办实。俗话说，一分部署九分落实，执行力体现着领导力，执行力决定着政策的落实和事业的成败。

二是沟通力是领导力之根。政务服务中心筹建工作时间紧、任务重、要求高，各项工作需齐头并进、穿插进行，我作为负责人，必须比别人多思多想多付出，要做大量的沟通协调工作，对上与政府领导、秘书长和办公厅主任沟通，对外与各厅局长沟通、与银行等相关延伸服务部门沟通，对内要与其他几个建设小组沟通，对下要与临时抽调的工作人员沟通、要与进驻中心的100多名窗口人员沟通。沟通中既要坚持制度规定，又要灵活掌握；既要调和化解矛盾，又不能影响工作进度，充分发挥女性领导亲和力强的优势，确保工作高效有序地运转。领导干部无论在哪个岗位工作，无论面对大事还是小情，都需要做沟通工作，具备良好的沟通力可以更好地完成组织赋予我们的工作使命。

三是创新力是领导力之源。政务服务中心是政府改革创新的产物，改革必然遇到新情况、新问题，如制度建设的问题、人员管理的问题、解决窗口人员“边缘化”的问题，以及今后政务服务中心运行发展等，对于这些问题，没有可以复制的经验，作为政务服务中心筹建、运行的具体负责人，不创新、不求变，只能影响政府在老百姓心中的形象，在不违反政策规定的条件下，必须不断地提出解决问题的办法。自治区政务服务中心从筹建、到运行、再到深入推进，始终在创新中改进、在创新中完善、在创新中发展。也正是由于创新，政务服务中心取得了一项又一项荣誉，实现了一年规范、两年提升、三年达国标的目标，2009年荣获自治区“五一劳动奖状”，2010年启动政务服务标准化建设，2013年高分通过国家验收，成为继四川省政务服务中心之后的全国第二家通过验收的省级政务服务中心。创新是社会发展的不懈动力，创新是领导干部必备能力，创新力也是领导力之源。

【案例点评】

领导变革理论回答的是“领导者究竟为什么干，为什么变”这个更根本的问题。它追求主动的、积极的变革，是更深层次的变革；它要求领导者有超强的能力和超人的魅力，更注重追随者个人价值和思想境界的提升。简言之，领导变革的理想境界更加高远，更加富有创造性，领导的目的和方向也更加明确。

在“火线”中磨砺和提升领导力

中核财务有限责任公司　李宗英

【案例描述】

一、相关背景和挑战

中核财务有限责任公司（以下简称中核财务）成立于1997年7月21日，是由中国核工业集团公司及其成员单位等25家股东单位共同出资设立的非银行金融机构。经过十七年的发展，中核财务逐渐形成了以“服务集团”为核心的结算服务中心、融资服务中心、资本运作服务中心、咨询服务中心、资金安全服务中心五大核心业务集群，逐步实现了从“投资理财”到“金融服务”的战略转型。作为集团公司“资金池”，中核财务可归集口径资金集中率连年保持在96%以上；作为集团公司财务管理职能的延伸，中核财务充分发挥行业优势和人才优势，在集团化融资与保险、上市财务顾问服务、风险管理与内控咨询等领域得到了长足发展。

2014年11月6日，集团指派我到中核财务公司任职。当时，我面临的挑战主要来自于两个方面。

第一，从我个人而言，我的工作经历主要走的是业务路线，我过去一直从事财务工作，曾任集团拟上市公司财务部经理、集团财务部副主任。我的学习经历是这样：会计专业本科，国际商学硕士，财政部全国会计领军人才。显而易见——我属于业务型干部，从未全面负责过一个公司的工作，更何况财务公司属于集团唯一的金融平台，一年在公司结算平台上跑着八九千亿的资金。由于公司属于非银行金融机构，真正履职必须经银监局的任职资格考试并审批核准。而此前，我并没有全面的金融从业经历。鉴于上述情况，为使自己尽快适应财务公司主要负责人的角色，我需要在领导艺术和专业水平两个维度上查缺补漏。

第二，从公司而言，随着公司的跨越式发展和经营环境的变化，中核财务在运营管理领域的管理缺位致使公司产生了一系列严重的问题：审计署 2014 年对中国核工业集团公司（以下简称中核集团）2013 年度财务收支情况进行了审计，其中财务公司属重点审计范围，并对有关事项进行了延伸和追溯，公司被审计出违反财经纪律设立“小金库”等相关问题。后来，中央第一巡视组对中核集团进行了专项巡视，其中，针对财务公司私设“小金库”违反财经纪律问题，给予财务公司主要领导和有关责任人以党纪、政纪处分，公司领导班子成员断崖式全部调整。公司出现的上述一系列问题确实使公司处在了一个非常困难的时期。

上述双重压力左右夹击，我所面临的困难和挑战在自己职业生涯中都是空前的。

二、工作实践

（一）砥砺前行，角色做事、本色做人

上任后，11 月 7 日—11 月 12 日，恰逢北京 APEC 会议休假期间，我利用公司放假的六天时间恶补公司已发布规程，倒逼自己以最快的方式熟悉公司制度和相关授权审批流程，帮助自己无论是从心态还是认知方面尽快进入角色，向前一步担负起全面主持工作的职责。在休假期间的最后一天，我真诚用心地写了一封信，通过公司的 OA 邮箱发给了每一位员工，确保他们在上班的第一天就能感受到我对公司的愿景和我的本色。因为集团领导去公司宣布我任职时时间已是 11 月 6 日下午 4 点，并且参会人员也仅限于公司中层以上领导。事实证明，这封邮件确实在当时公司背负着换一把手和违规问责背景下，很好地完成了我与公司全体员工的第一次沟通和互动的使命，主动传递和放大了正能量。邮件全文如下：

各位同事：

大家好！在北京立冬后难得持续呈现蓝天的日子，我很高兴成为财务公司的一员。

如果把财务公司这个集体比作一个班级，作为这个班的班长，我向大家郑重承诺：我会勤勉尽责，不辜负集团党组的信任与重托；作为这个班的新成员，我也衷心地希望大家多帮助我尽快胜任工作。

希望我们在今后一起工作的日子收获工作的硕果和同事的友情，希望我们

每个人和公司一起成长，在成长的过程中能保持初心，能始终对自己所做的工作心存敬畏与热情，我想这种工作的感觉一定很快乐……

第一封邮件，我想和大家分享自己刚刚和家人看过的一部电影《3 idiots》（片子有点旧，但很值得一看，我比较喜欢的中文译名是《三生万悟》）中的一句经典台词："All is well（一切皆好）。"相信在我们的共同努力下，财务公司的明天会更美好！

李　某

2014 年 11 月 12 日

（二）慈不养兵，大处着眼、小处着手

我认真分析公司前一阶段在监管检查中暴露出的一系列问题，加强经验反馈，在管理改进中汲取教训。我一方面要求公司风险和法务部门牵头梳理公司的制度规程，查缺补漏；另一方面加强公司的作风建设。通过制度规程的学习和修订，帮助我更准确地把握财务公司作为非银行金融机构的业务特点和运作实质，也让公司每一位员工一次又一次地加强了合规教育，要求公司每一位员工要牢记合规是公司全体员工的共同责任，要求公司高管要牢记合规首先要从公司高管做起。

作为公司主要负责人，我时刻提醒自己一定要做到"言必信，行必果"，要求员工做到的首先自己一定要做到。就拿最简单的考勤和日程管理来说：经过一段时间的观察，我发现公司部分员工时间观念不强，存在迟到早退现象。我要求公司必须加强考勤管理，上线考勤识别系统。通过很简单的一个管理工具的引入，大家惊喜地发现公司员工以前疲沓的精神面貌得到了根本好转。我又发现公司内网 OA 给全体员工创建了"日程管理"模块，但是形同虚设，鲜有人登录。

首先，作为公司主要领导，我希望自己的履职应在阳光下运行，接受公司全体员工的监督；同时，公司员工也有权利知道每个岗位的履职痕迹。我要求公司全体员工一定要用好这个非常好的工作提醒和备忘工具。又是这个简单的管理工具的实质性使用，使公司的运营更加有序，一方面公司领导间、部门间和员工间的工作日程信息实现了共享，另一方面公司全员强化了时间观念，树立和强化了"今日事今日毕"的工作作风。大处着眼，2015 年恰逢"十二五"收官、"十三五"开局之年，我以计划、预算、考核为抓手，通过年度重点工作任务的层层分解落实，保障了公司重点工作任务的全面完成。同时，加强公司全员绩效考核管理，小处着手从管理细节抓起，我深刻地领会了细节决定成败的管理理念。

（三）抓铁有痕，踏石留印，努力前行

通过近十个月扎实有效的工作，夯实了基础工作，针对公司违规问题制订了切实可行的整改方案，从决策体制、工作机制、制度建设等方面入手，注重从源头上解决问题，逐条逐项狠抓落实，取得了实效。

直面违规设立“小金库”的问题。针对问题症结，我组织公司综合管理部、财务管理部及审计监察部的相关人员对结存的各类消费卡及礼品进行了盘点清理、登记造册、核实入账。对于公司违规设立“小金库”及违反中央“八项规定”精神等违规违纪问题的相关人员，依据《中国共产党纪律处分条例》及《中国核工业集团公司职工惩处规定》的相关规定和干部管理权限，对公司四位同志进行了党纪、政纪处分，对其他四位相关员工进行了诫勉谈话，达到了“惩前毖后、治病救人”的目的。要求公司建立长效工作机制，汲取教训，举一反三，进一步梳理优化相关制度和流程，不断加强依法治企教育，提升风险管理手段，强化审计监督职能，并结合“依法治企”“三严三实”专题教育、内控体系建设等工作，公司从董事长到普通员工已全部按照银监局的要求签订了合规承诺书。公司还通过不定期举办“合规大讲堂”，进一步加强合规宣传，严肃财经纪律，从思想上绷紧准绳，强化红线意识，狠刹违规源头，建立“有规必依，执规必严，违规必究”的理念，坚决杜绝违规事件发生。

财务公司作为非银行金融机构，须严格遵循银行业各项监管要求，以内控体系项目建设为契机，查缺补漏、以建促改、以评促建，进一步夯实内控管理基础，促进依法合规经营发展，为公司实现发展战略提供有力保障。内控体系建设过程中一是要充分认识内控体系建设的重要性和紧迫性，构建一套体系完整、对接标准、符合实际、运行有效的内控体系；二是要充分认识内控工作的艰巨性和复杂性，要加强组织领导，抓好责任落实，扎实推进内部控制体系建设工作；三是严格遵守国家内部控制政策要求，充分考虑自身经营管理实际，将现有的管理界面、权限、制度、流程统一起来、串联起来，将内控运行机制融合到公司的日常管理中，防止在工作中出现“两张皮”；四是要建立良好的内部控制文化，创建重制度、重程序、重事实的氛围，形成深入推进内部控制体系建设的强大合力，同时要通过本项工作，培养一批既懂业务又懂管理且精通内控的人才队伍。

三、工作收获

以点滴汗水回报光阴，以踏实努力追逐梦想。我的工作得到了集团主管领导和董事长的认可，也得到了公司全体员工的认同。

2015年5月，中核财务公司被中国财务公司协会评为创新型财务公司（截至2014年年末的全行业196家财务公司的数据，评级结果为A级的财务公司有40家，占比20.41%，这类公司符合财务公司功能定位，经营与服务能力强，风险管理水平高，具有一定的创新能力，属创新型财务公司）。

2015年6月，集团党组正式任命我为公司总经理。

2015年7月，我通过了银监局的金融业高管的任职资格考试并正式获得核准，完成了从财务专家向公司总经理的角色转变。

【案例反思】

正如习近平总书记所说，“中国共产党人依靠学习走到今天，也必然依靠学习走向未来”。反观自己的成长，离不开自己在工作中的不断学习，我在最短的时间内尽快熟悉公司已发布规程，倒逼自己以最快的方式熟悉公司制度和相关授权审批流程，帮助自己无论是从心态还是认知方面尽快进入角色，向前一步担负起全面主持工作的职责。我的成长离不开集团党组强有力的支持，离不开团结班子成员的通力合作，更离不开对公司员工的“领”和“导”。

在工作实践中，我对依法治企有了更加深刻的领悟，暗自提醒自己：要树立底线思维，要有红线意识，自己做的决策一定要经得住时间的检验。

十个月的历练，我克服恐惧，突破自我，终于化解了一路走来的一个个荆棘。

转型才刚刚开始，在今后履职的路上，我会鼓足干劲，发扬钻劲，磨炼韧劲，努力前行！

【案例点评】

真正的领导者必然会直面领导的火线，最终选择向前一步，突破自我。在转型过程中，领导者不断调整自己，改变旧角色，适应新角色，克服了一个又一个有形和无形的、内在和外在的困难，经受住了磨炼和考验，自身的领导力在实践中也得到显著提高和顺利转型。

顺利转型，一要靠自身在工作中的不断学习；二要依靠组织支持；三要依靠班子成员的通力合作，四要依靠对下属的“领”和“导”。

战略执行

案例一

在苦干巧干中完成《年鉴》编撰任务

中国人口与发展研究中心　沈丽文

【案例描述】

一、相关背景

2013 年 3 月，国家卫生计生委正式成立。我所在的中国人口发展与研究中心是卫生计生委直属事业单位，主要从事人口理论和信息研究，其中包括编辑出版《中国计划生育年鉴》。2014 年 3 月，我履任中心党委书记。4 月 29 日，国家卫生计生委召开委主任会议，决定把合并后的首卷《中国卫生和计划生育年鉴》的编辑、出版工作交由我中心所属的年鉴出版社承担；同时，明确要求在年内完成新年鉴的编辑工作，2014 年年末到 2015 年年初出版。由我负责具体组织实施，并履行总编职责。

二、问题挑战

分析和解决完成任务难点，既是领导干部思考的起点也是领导干部决策的重点。受领任务当天，经反复思量，我清楚地意识到完成任务将面临艰巨的工作和巨大的挑战。我们面临的问题与挑战主要有以下几个方面。

第一，时间紧迫。上级规定的编辑出版时限——从 5 月到年底，不容拖延；明确要求的质量标准——国家卫生计生委的权威正史和“家谱”，不容含糊；三审三校，从政策、法规、保密、学术、史实到体例规范、文字表述及图表版式全面把好质量关，不容马虎。

第二，人手紧张。上级规定：原卫生部年鉴编辑人员隶属原单位，不能动用；中心年鉴编辑部的工作人员执行原编制，人手不能增加。

第三，任务繁重。机构改革以后，由于卫生工作与计生工作合一，因此，新年鉴版面字数由100多万字变成了200多万字，不能减少。

第四，机构变动。新年鉴编辑、出版和发行期间，适逢各省市区的卫生计生机构相应改革，各省市区的机构人员变动不居，所需稿件上不来，而我中心年鉴编辑部一共只有三位编辑人员，夜以继日忙于前期准备，通联约稿不能及时通达下去。同时，“隔行如隔山”，人口年鉴的编辑对卫生年鉴的稿件，往往在专业方面遭遇“卡壳”现象。

此外，我作为新任党委书记，从履行职责角度讲，就是要引领全体党员、干部、职工向着一个共同目标推进中心的全面建设和发展。在实际工作中，党务工作和科研业务不能偏废。从客观上讲，一方面，2014年深入贯彻党的十八大、十八届三中全会和习近平总书记一系列重要讲话精神，加强党的作风建设，开展群众路线教育，落实反腐倡廉主体责任制等，意义十分重大，工作特别繁重。另一方面，在我十余年司局级领导工作经历中，虽然参与或分管过部分科研业务工作，但大多是从事党务、人事和行政管理工作。因此，对于能否圆满完成急重科研任务，心中底气不是很足。

三、工作举措

走上领导工作岗位以后，我始终怀着这样一个信念：党委分工，就是领导干部责无旁贷的使命；上级要求，就是领导干部全力奋斗的目标；难题解决，方显出领导干部攻坚克难的价值。为了完成上级赋予的这一重要工作任务，我主要有赖于以下三个方面的工作举措。

第一，明确工作目标。针对第一大难点，我以为：“难能正好图大功”。编辑部确定的工作目标，就是在完成时限和编印质量上无条件地实现上级意图，不折不扣地做好上级“规定动作”。同时，通过总结人口年鉴的编印经验，借鉴卫生和其他年鉴的长处和特色，进一步调整栏目设置、改进版式图表，令读者感到焕然一新、锦上添花。

第二，发挥拼搏精神。针对第二大难点，我从英国利特尔·哈特倡导的“迂回战略”——以迂为直，受到启发，提议采取“小圆心，大外围”的工作模式，即以三人编辑部为圆心，视情聘用外部人员承担相关的编校任务。然而，令我特别感动的是，为了确保年鉴的出版发行质量，年鉴社三位编辑硬是任劳任怨、加班加点忘我工作，没有聘用外部人员承担编校任务，硬是依靠他们奋力拼搏，圆满完成了艰巨的工作任务。

第三，优化工作机制。针对第三大难点，关键是要提高工作效率，而提高工作效率的关键，就是必须优化工作机制。于是，我们首先采取请原卫生年鉴的资深编辑传经授课的办法，解决“隔行”的问题。同时，在深入调研、反复权衡的基础上，就新年鉴的名称、性质、功能和定位，年鉴的编辑方针、收录原则、框架结构，年鉴工作管理体制、运作和保障机制等，向卫生计生委提出了较为系统、详尽的建议，并得到了肯定和采纳。我们主要依托卫生计生委特别是办公厅开展工作。成立年鉴指导委员会，由国家卫生计生委领导担任主任委员，委机关各司厅局主要领导和主办单位中国人口发展研究中心、年鉴社的主要领导担任成员，监管年鉴的办刊方向、内容质量，决定年鉴工作重大问题。办公厅年初印发文件，规范全年年鉴编纂和宣传利用工作。委机关各司厅局和各省卫生计生委一把手为年鉴主要审稿人，各司厅局主要负责人担任年鉴特约编辑。各司厅局综合处、各直属联系单位办公室负责年鉴的联络工作，主要负责收集汇总稿件、与年鉴社联系。各省区市卫生计生委办公室负责人为该省区市的年鉴特约编辑，保证年鉴工作有人管事、有人做事，以维持年鉴工作的持续发展。

第四，善于集思广益。在履行《中国卫生和计划生育年鉴》主编职责过程中，为确保年鉴编辑、出版和发行质量，我力图做到自信而不自负、自谦而不自卑。既要“遇事虚怀观一是”，虚怀若谷，潜心摸索规律，敢于拍板，敢于负责；又要“与人和气察群言”，兼听则明，善于发现并采纳真知灼见，敢于承认并改正错误；对来自诸多方面的专家，在坚持真理的前提下，既特别景仰和尊崇，又不一味地盲从和迷信。

经过群策群力，首部《中国卫生和计划生育年鉴》如期面世，同时，中国人口发展与研究中心在2014年也被国家卫生计生委评为第一届精神文明先进单位。

【案例反思】

在我中心群策群力、攻坚克难，圆满完成上级赋予我们的编辑、出版和发行《中国卫生和计划生育年鉴》的艰巨任务过程中，我也深切地感受到以下三个方面的工作体会。

第一，遵循基本规律，是领导力的必备要素。无条件服从组织分工，千方百计完成任务，是对领导干部的起码要求，是我党的优良传统，是每一个共产党员都应该深深懂得并自觉践行的常识。习近平总书记曾经强调，树立正确的治国理政理念，需要深入研究历史，要重点研究近代以来特别是我党的历史。还有人认为，历史对毛泽东的影响“至深且巨”，“毛泽东的兵权之剑倚在史书之旁”。而毛泽东则对“人不通古今，牛马而裾衿”的古训甚为推崇。我理解为，对于领导干部而言，尊重历史，其关键就在于必须遵循基本规律，杜绝常识性主观错误。从某种意义上说，创新固然重要，但常识性错误更可怕。时下存在的种种社会弊端、重大责任事故和决策失误，往往就与一些领导干部违背常理、不按基本规律办事有着千丝万缕的联系。

第二，正确育人用人，是领导力核心所在。年鉴社三位编辑发挥巨大奉献精神和冲天干劲，他们在相同的工作时段中、相似的工作条件下，完成了多2倍于以前的工作任务，且不乏质的创新，这是本案例的一个突出亮点。这就自然提出了领导干部如何育人用人的问题。

我体会，领导干部特别是中高级干部的领导能力，说到底是看人、育人、选人、用人的能力。本案例不存在另选新人的前提，只能在如何看待、使用和培养现有人员上做文章。由此进一步引申，领导干部不仅要正确看人，善于选人和用人，而且要乐于不断培养人，广开门路，帮助他们补齐德或能的短板。为此，大致有三种情形：一是德才兼备之人。他们有本事，想干事、能干事，思维活跃，富有闯劲，尽管他们有可能存在清高孤傲等一些性格上的毛病，但这是在干事业中不用扬鞭自奋蹄的中坚力量。二是德旺才逊之人。他们业务能力一般，循规蹈矩，对领导指示言听计从，但缺乏创新精神，这是需要我们在工作中不断帮助、激励和鞭策的队伍。三是德才平平之人。业务能力较低、能力平庸，在单位释放负能量，对这样的人群要以正面引导，以正气压倒邪气，不给这些人有钻营和利用的机会，帮助他们战胜人性的弱点，给予他们提高业务水平的机会，努力将负能量转化为正能量。充分激励每一个人的潜能，使之外化为显能，最终转化为事业的效能。通过激励，让广大干部职工看到自己的长处，看到发展的目标，激发前进的动力。同时，我也时时告诫自己：“金无足赤，人无完人。”无论一个人有着怎样的毛病和不足，也总有他（她）的哪怕一点点长处，那种一无是处的人毕竟是极少数。

第三，努力创新实践，是领导力不断提升的增长点。作为精神文明先进单位的党委书记，之所以没选党务主业而选科研“副业”方面的案例，原因有三：一是力图以事实雄辩地证明，党委书记不仅要善于管党务、抓组织，还要善于搞科研、抓业务。二是作为科研单位的党委书记，要想取得管理科研工作的话语权，谋划全面建设的主动权，就必须在直接组织领导科研工作实践中，探寻特点，摸索规律，把握趋势，熟悉业务。三是新常态下的实践所需。我们正在做我们的前人从来没有做过的事情。“四个全面”的战略部署对各级领导干部的能力建设，已经提出而且必将继续提出许多新的理论和实践课题。各级领导干部只有在工作实践中，不断创立和发展新的观念和理论，才能有效提高自身领导能力。

【案例点评】

执行力和领导力密不可分。执行，要明确方向。执行是为了落实战略，配合战略目标的实现，不是“另起炉灶”“另搞一摊”。

执行，要分析难点。分析和解决完成任务难点，是领导干部思考的起点，也是做好执行的重点。

执行，要善于用人，充分激励每一个人的潜能，使之外化为显能，最终转化为事业的效能。

执行，要善于创新。“明者因时而变”，执行过程中也要善于结合实际情况，进行针对性的调整和变化，提升工作质量。

案例二

举办首届香港中山文化节

中共广东省中山市委统战部　梁丽娴

【案例描述】

一、案例背景

广东省中山市是伟大的民主革命先行者孙中山先生的故乡，也是著名的侨乡，中山籍港澳台海外乡亲有90多万人，其中港澳乡亲有30多万人。如何结合新形势，探索港澳统战工作的新思路、新途径?

2013年4月19日，香港中山社团联合会率旅港乡亲社团首长一行33人回乡拜访中山市委市政府，中山市四套班子有关领导与乡亲们进行座谈。座谈会上，香港中山社团联合会提出加强与家乡携手合作，扩大中山市在香港的知名度和影响力，促进两地经济文化交流，计划年内在香港举办“中山文化节”活动，希望家乡党委、政府在人力、物力、财力上给予大力支持。

中山市委和市政府主要领导充分肯定了社团联合会的设想和计划。中山市委统战部认为，举办“中山文化节”活动，有利于在新形势下更好地凝聚爱国爱港爱乡力量，是探索新时期港澳统战工作新思维、新载体和新办法的一次有益尝试。

经与香港中山社团联合会协调，中山市委统战部决定以中山海外联谊会的名义联合该会及香港中山青年协会在内等多个团体举办此次文化节活动。随后，中山市委统战部正式向市委呈送相关请示并获得批准。

二、挑战和困难

举办首届香港中山文化节，从设想的提出，到方案的策划，再到具体的筹备以及正式的举办，历时半年，时间短、任务重、难度大，面临着不少的挑战和困难，主要体现在五方面。

第一，此次文化节是一项创新的尝试，可借鉴的经验不多，如何把好方向、做好定位、明确目标、确保安全有序并产生积极影响，需要作深入的研究、全面的思考并做到科学的决策。

第二，此次文化节在香港举办，由于中山、香港两地在思维习惯、法律法规以及工作方式方法等多个方面都存在着不少的差异，因此彼此之间的沟通与合作难免需要磨合。

第三，此次文化节一方面涉及中山、香港两地，另一方面涉及中山的统战、宣传、文化、侨务、海关等多个部门和有关镇区，另外活动的举办更涉及香港的相关法律法规，因此在场地、人员、内容、宣传以及安全等方面都存在不少的问题，需要一一研究，协调和解决的难度比较大。

第四，参与筹备和举办此次文化节的骨干力量和专责人员主要来自中山市委统战部及香港中山社团联合会，他们与其他相关的参与人员一样都是兼职的，总体而言，人员力量相对不足。

第五，经费问题，整个文化节需要一定的资金投入，如何筹集并合理使用也是一个难题，需要加以研究解决。

三、应对和做法

针对筹备和举办首届香港中山文化节所面临的挑战和困难，我作为牵头和执行部门的主要负责人，重点从提升和执行领导力入手和着力，使得此次文化节得以顺利筹备并成功举办。

首先，集思广益，广泛征求意见，完善工作方案。我与市委统战部相关负责人以及香港中山社团联合会的负责人进行了多次的讨论和研究，并主动听取香港中联办、市委和省委统战部相关负责人的意见和指示，较好地把握住文化节的方向，明确了定位和目标，为方案的制订以及后续的筹备提供了前提和依据。随后，就文化节的方案广泛征集各方意见，听取香港乡亲社团和乡亲市民以及中山市内有关部门和统战部机关人员的意见，为方案的不断完善提供了很好的基础。

其次，统筹协调，努力形成共识，有效解决各种分歧。由于文化节涉及中山、香港两地的多个部门和组织，加上两地的文化理念、思维习惯、办事方式以及法律法规等都不尽相同，因此，在文化节的策划、组织和举办过程中，我十分注重统筹协调，在中山、香港牵头召开五次工作协调会，工作团队也进行了多次的专题研究和讨论，有效解决了一系列的分歧和问题。同时，由于文化节的筹备和举办需要一定的人、财、物等方面的保障，在演出人员和道具、展示产品及会场物资的通关和运输方面有一定的特殊需求，对此予以了协调解决。例如：向市委申请专项经费，并协调争取香港中山社团联合会等乡亲社团赞助经费，成功解决了经费问题；在统战部机关、相关部门以及有关同乡社团抽调人员，成立工作领导组及具体的工作团队，予以充分的授权和信任，实行层级管理和控制，专责跟进文化节的筹备和组织；与出入境、海关及专业物流公司沟通协调，顺利解决了演出人员和道具、展示产品以及会场物资的通关和运输问题。

第三，明确目标，责任落实到人，及时监督和指导。在文化节筹备期间，我坚持以目标倒逼进度，明确各个重要时间节点及相应的目标任务和责任人员，通过建立台账、听取汇报、查看资料、走访现场等对文化节的筹备进度进行了有效的监督和指导。同时，在文化节举办之后，第一时间召集相关部门和社团负责人，对整个筹备组织以及活动成效进行总结和梳理，对好的做法和经验以及存在的问题和不足加以提炼，为今后做好相关工作提供了参考和借鉴。

四、内容和成效

首届香港中山文化节于 2013 年 10 月 19—20 日在香港黄大仙广场成功举办，内容主要包括六个方面：一是举办了一场富有地域特色的文化节开幕式；二是举办了一次以中山城市发展、伟人故里文化和翠亨新区规划为内容的大型图片展览；三是举办了一次中山特色产业、产品和非物质文化遗产推介展示；四是举办了一场具有中山和香港文化特色的文艺晚会；五是举办了一出反映孙中山在港求学并逐渐形成革命救国思想历程的音乐剧《旭日》；六是开展了一系列宣传活动，营造了良好的社会氛围。

此次文化节得到了上级部门和中山市委市政府的充分肯定，得到了香港中山乡亲和市民群众的普遍好评。此项工作被评为 2014 年度广东省统战工作实践创新成果。主要成效有以下五个方面。

第一，提升了中山市在香港的知名度。文化节期间，对中山市“五位一体”建设进行了全方位的宣传和推介，香港中山乡亲和市民对中山市有了更加深入的了解，特别是对中山的历史文化、经济发展、社会建设等方面有了更直观的认识，增强了香港中山乡亲和市民对家乡、对祖国的认同感，为进一步提升中山的城市形象、推进翠亨新区建设、加强中山与香港的交流合作等创造了条件。

第二，弘扬了孙中山先生的爱国主义精神。通过图片、文字和音乐剧等形式宣传了孙中山先生的救国历程和爱国精神，彰显了中山市作为孙中山先生故乡的独特文化内涵和历史地位，有利于强化以孙中山精神为引领，团结凝聚更广泛的爱国力量将翠亨新区建设成为全球华人共同精神家园探索区。

第三，促进了香港同乡社团发展壮大。文化节的举办打破了同乡社团传统的活动模式，实现了从室内到室外、从社团内部走向社会和普通市民、从单一的乡情联谊到推动家乡与香港两地经济文化交流合作的跨越和转变，进一步激发了社团的生机和活力，提升了社团的影响力和凝聚力，为社团的发展壮大夯实了基础。

第四，强化了乡亲骨干队伍建设。香港各同乡社团首长在文化节中群策群力，增进了共识，开拓了思路，增强了合力，尤其是香港中山社团联合会的威信明显提高，各属会以及乡亲对联合会的认可度大幅提升。同时，此次文化节为青年乡亲代表搭建了展示才干、发挥作用的舞台，较好地调动和提升了青年乡亲的积极性和参与度，培养锻炼了一批青年乡亲骨干力量。

第五，打造了港澳统战工作的新品牌。文化节是中山市创新港澳统战工作思路、以文化统战为抓手打造的新品牌，通过宣传、推介富有特色的“根”文化和中华民族传统文化，进一步增强了香港中山乡亲和市民群众的文化认同。同时，把同乡社团活动延伸到服务社区和市民，为提高爱国乡亲在社区及当地的影响力提供了帮助。

【案例反思】

通过对创新举办首届香港中山文化节的系统回顾，我深刻地感受到领导力贯穿于文化节的策划、筹备和举办全过程，并在其中发挥了重要作用。对此次文化节的回顾和反思，更为日后在工作实践中提升和发挥领导力提供了积极的启发和有益的借鉴。

第一，要创新思维，适应新形势、新要求。首届香港中山文化节的举办主要缘起于新时期港澳统战工作的新要求，是对工作思路和载体的一次积极创新和有益尝试。作为领导，需要与时俱进的创新思维，要准确把握发展的新形势、新方向和新要求，勇于改革、大胆创新，而对于党政领导干部来说要特别强调政治意识和大局观念，要吃透“上情”，在工作方向对头的大前提下做到与时俱进、积极创新，更好地服务中心、服务大局。

第二，要广集意见，坚持科学决策、民主决策。决策是领导的一项核心职责，但决策不能“拍脑袋”“凭想象”，而是要科学决策、民主决策。首届香港中山文化节之所以取得成功，很重要的一个原因是其决策建立于充分调研、民主协商、多方论证的基础之上。作为领导，在决策前和决策时需要进行全面深入的调研，广泛征集意见和建议，在摸清“下情”、准确掌握社情民意和各方情况的基础上，进行民主的协商和充分的沟通，以保证决策是科学的、民主的。

第三，要打造工作团队，形成工作合力。首届香港中山文化节的成功举办，离不开高效的工作团队和强大的工作合力。作为领导，要重视打造和依靠工作团队，并对其明确责任、合理授权，以充分调动和发挥工作团队的主动性、创造性和积极性，同时要强化部门合作、团队合作，形成强大的工作合力，以保证工作任务得以落实完成。

第四，要抓好统筹，加强沟通和协调。作为领导，要注意抓好对工作的统筹和协调。在首届香港中山文化节的筹备和举办过程中，注意抓好了“统筹关”和“协调关”，强调的是对“工作盘子”的整体把握和统筹而非具体事务的跟进，对出现的问题和分歧及时与工作团队、有关部门进行积极的沟通、协调和解决。

第五，要抓住关键环节和重要节点，做好督查和指导。做事情切忌“眉毛胡子一把抓”，对于领导来说更是如此。在首届香港中山文化节的筹备和举办期间，我作为主要负责人没有“事事过问、时时关心”，而是抓住关键点、关键人和关键事，在重要的时间节点和事项节点上做好督查和指导。作为领导，在带领团队和开展工作中应抓住主要矛盾和矛盾的主要方面，也就是关键环节和重要节点，进行必要的督查和指导，这样才能更好地保证事半功倍、完事成事。

第六，要提供有力支持，创造良好的环境和条件。筹备和举办首届香港中山节的过程中，离不开对人、财、物等资源的充足投入，以及有利于协调解决困难和问题的良好环境。作为领导，应为团队工作、完成任务提供必要的人、财、物以及政策、环境等多方面的支持和协助，对存在的困难和问题要予以积极协调、尽力解决，为干事成事提供良好的环境和坚强的保障。

第七，要及时总结，在实践中提炼经验、成长提升。香港首届中山文化节一结束就进行了全面总结，分析评估取得的实际成果和产生的社会效应，并提炼其中的经验做法，为今后拓展文化统战工作模式提供了有益的参考和借鉴。作为领导，要培养善于总结的工作习惯，注意在每个阶段、每项工作之后及时总结，对成功的经验做法予以提炼和发扬，对存在的问题乃至失败的教训进行分析并寻求解决之道，这样才能在工作实践中不断成长、提升和进步。

第八，要以人为本，在干事创业中使用人、培养人。回想首届香港中山文化节的筹备和举办全过程，始终注意物色合适的人，发挥其所长，并时时观察人，指导其做事、发现其不足、帮助其成长，使得参与文化节的人员特别是骨干成员得到了有效的使用并实现了自我成长和进步。作为领导，要坚持以人为本，在开展工作、干事创业以及领导团队的过程中，始终做到物色人、观察人、使用人和培养人。

【案例点评】

领导干部既要想干事，又要能干事、干成事。干成事需要注意几个问题：

一是吃透“上情”。“做事不由东，累死也无功”，做好执行，一定要有大局观念，一定要有政治意识。

二是摸清“下情”。通过充分调研、民主协商、多方论证等多种方式来了解情况。

三是打造团队。执行要重视打造和依靠工作团队，并对其明确责任、合理授权，以充分调动和发挥工作团队的主动性、创造性和积极性。案例中作者在做事的过程中，始终注意物色合适的人，发挥其所长，并时时观察人，指导其做事、发现其不足、帮助其成长，依靠团队来完成执行。

四是抓住关键。案例中作者没有“事事过问、时时关心”，而是抓住关键点、关键人和关键事，在重要的时间节点和事项节点上做好督查和指导，这样才能更好地保证事半功倍、完事成事。

常德群众文艺“百团大赛”唱响全国

湖南省常德市市政府　陈　华

【案例描述】

一、相关背景

2009 年 9 月，我担任常德市原文广新局局长，挑起了我市文化事业发展的重任。在新的岗位上，我思考一个问题：到底怎样才能推动我市的文化事业发展，怎样才能走出常德文化的特色？经过认真调研思考，我认为：民族的根在文化，文化的根在群众。在我看来，从市一级层面来看，要推动全市文化大发展大繁荣，关键要做到文化惠民，重点是要充分发挥人民群众文化创造的积极性。

我们根据中央和省有关精神，结合我市实际，明确了“文化强市”的战略定位。为有力推进“文化强市”步伐，我们以文化惠民为突破口，着力打造我市文化特色品牌。通过广泛深入的调研，逐步形成了全市民间演艺团体“百团大赛”的工作构想，并在 2012 年把这一构想上升到了市委市政府的决策高度，研究部署了我市第一届群众文艺演出“百团大赛”活动，组织举办了我市第一次规模空前、声势浩大的群众文艺盛会。2012 年年底，我履新市政府副市长一职，分管文教卫等方面，并担任“百团大赛”领导小组副组长，继续对 2013 年、2014 年、2015 年的“百团大赛”作了进一步探索和研究。截至目前，“百团大赛”已走过四个年头，通过政府搭平台，群众唱主角，唱响主旋律，常德“百团大赛”在沅澧大地家喻户晓，人民群众参与其中，乐在其中。“百团大赛”作为我市文化惠民的一个创新举措，在全省乃至全国都产生了较大的影响。

二、问题挑战

在着力打造群众文艺演出“百团大赛”这一文化品牌的过程中，我们遇到了四大难题。

一是难在发动。万事开头难，怎样打响第一枪，怎样使“百团大赛”成为家喻户晓、群众喜闻乐见的文化品牌，真正使文化成果让全民共享，成败首先在发动。特别是第一届“百团大赛”的发动工作，首先的定位就是要全市各级组织、各民间艺术团体、广大群众普遍参与，宣传发动的难度是显而易见的。

二是难在组织。面对全新的思路和崭新的工作，没有教条可搬，没有经验可学，没有后悔药可吃，必须严密策划、精心组织，让群众在参与的过程中能看得见政府的作为，感受得到服务的贴心。“百团大赛”时间跨度长、设置赛事多、参演节目繁杂，这无疑增加了组织难度。

三是难在保障。既要有政策保障，又要有机制保障；既要有资金保障，又要有人才保障。保障充分才能准备充分，才有底气、才有硬气办好“百团大赛”。从无到有、从弱到强，保障的力度都需要不断加大。

四是难在做优。现在，做一件事不容易，做好一件事更不容易。有很多口号喊了一半就哑了，有很多工作做了一半就丢了，这其实是工作不力、工作不优的表现。我们要的不是一个假名片，而是要一个真品牌。部署到位后，关键还要在执行力上下功夫，在抓落实上做文章。就是要全力做优品牌，在全社会营造氛围，使“百团大赛”真正深入人心、真正经久耐看，这给我们提出了更高要求。

三、工作思路和举措

面对存在的问题和挑战，不论是在推动文化事业发展的排头兵位置，还是指挥员位置，我时刻提醒自己，始终要保持清醒头脑，在充分调研、全面了解的基础上展开工作，主要是做到了“四个坚持”。

（一）坚持以人为本，精心谋划

在我们的精心筹备下，我市的群众文艺演出“百团大赛”活动，核心内容就是充分调动全市民办文艺团体的积极性，通过“百团大赛”掀起群众文化活动新高潮。在活动设计上，为得到群众认同，充分体现群众性，活动地点全部选择安排在各地的广场、社区露天场所举行。为得到群众认同，还在全市广泛宣传发动，营造浓厚的赛事氛围，使得“百团大赛”活动从一开始就具备了坚实的群众基础。

（二）坚持三级联动，认真组织

市、县、乡层层召开“百团大赛”工作会议，对活动进行具体部署和安排。组织专门力量深入到各乡镇对文艺队伍摸底调查，进行参赛资格审查和报名工作。把大赛分为初赛、复赛、决赛以及汇报演出四个阶段，内容包括戏剧、曲艺、声乐、器乐、舞蹈、小品和民间艺术表演等多种形式。活动的组织和开展首先从乡村一级开始，由乡到县，由县到市，形成三级联动。自下而上、层层比赛的方式，最大限度地吸引了民办文艺团体、民间艺人和广大基层群众参与到活动中来。

（三）坚持政府主导，构建举办群众文化活动新格局

成立了以市委副书记为组长的高规格领导小组，明确“百团大赛”活动由市委、市政府主办，市委宣传部、市文广新局和各区县（市）委及人民政府承办。为确保活动圆满成功，市财政专门划拨专项经费，各区县市也层层投入工作经费。大赛期间，市委书记等市级领导还主动到演出现场与群众一道观赛，各区县（市）党政负责人和乡镇党委书记也多次到现场观摩助阵。同时，广泛发动群众和社会力量参与，构建起了“政府主导、社会支持、群众参与”的群众文化活动新格局。

（四）坚持价值引导，着力打造引领健康生活的有效载体

在开展“百团大赛”活动中，坚持价值引导，规定每个团必须有40分钟的节目演出，比赛节目必须有法治文化、廉洁文化、善德文化等方面的内容。通过活动，大力弘扬社会主义核心价值观，赞美新生活，讴歌真善美，展示新形象，让人民群众在活动中自娱自乐、自我创造、自我教育、自我提升，使活动成为引领风尚、服务社会、教育人民、推动发展的有效载体，起到了振奋精神、鼓舞人心的作用。

四、主要成效

常德市“百团大赛”取得了小舞台大参与、小投入大效益的良好效果，其参演人员之多、覆盖范围之广、持续时间之长、群众积极性之高前所未有。

（一）成就了新的群众文化活动品牌

“百团大赛”活动整合了全市群众文化资源，发挥了积聚规模效应。全市上下同打“百团大赛”一张牌，央视《新闻联播》《人民日报》、湖南卫视等中央和省级媒体多次宣传报道，市县媒体全程跟踪，电台、电视台、网站实况转播，社会宣传同步跟进，大大提高了活动的影响力和感召力，“百团大赛”已成为常德新的群众文化活动品牌和文化名片。

（二）激活了基层文化资源

乡土文化能人找到了“用武之地”，带动民间演艺团体逐步走上规模化、集约化发展的路子；优秀剧团、优秀演艺人才和一大批深受观众喜爱的精品力作得以展现；濒临绝迹的民间绝活重新焕发光彩；优秀民间文艺团体和民间文艺人才被纳入了宣传文化部门扶持培养规划；趋于闲置的基层文化阵地日趋火爆，乡镇综合文化站、文化广场、农家书屋、文体活动中心等基层文化设施利用率明显提高，同时还有力地促进了市、县、乡、村四级公共文化设施网络的建设和完善，文化资源不断向农村、社区基层倾斜。

（三）丰富了基层群众的精神文化生活

“百团大赛”成了老百姓的“欢乐大舞台”。活动每年3月启动，8月下旬结束，为期六个月。自活动开展以来，共有近3000个民办文艺团体报名参赛，6万多名演职人员参加演出，新创编节目5000多个，演出3000多场，观众600多万人次。特别是举办的市级决赛，观众场场爆满。在大赛表演的众多节目中，表现孝德、法治、廉政和宣传党委政府方针政策的优秀原创作品占到了节目总数的50%以上。在“百团大赛”中，正确的价值导向贯穿始终，成为弘扬主旋律的重要载体，成为党委政府联系群众的桥梁纽带，群众在观看演出的同时深受启发和教育。民间文艺团体成了推动党委、政府中心工作的一支重要力量。“百团大赛”前后，在全市农村社区，人们普遍感到文明守法的多了，打架扯皮的少了；吹拉弹唱的多了，摸牌赌博的少了；移风易俗的多了，封建迷信的少了。市民群众的素质在潜移默化中得到了提升。在近几年的全国城市公共文明指数测评中，常德市都取得了好成绩，全国文明城市创建成果进一步巩固。几年下来，相当于每一个常德市民都至少参与了一次“百团大赛”，按照市财政每年投入300万元的经费来计算，四年时间，政府为每一个常德市民只投入了2元钱。投入这么小，效果却这么好，这是活动之初我们所没有预料到的。

（四）促进了民办演艺市场的健康发展

我们以开展“百团大赛”为契机，还专门开展了民办文化队伍建设调研，摸清了底子，建立了民办文艺团体和乡土文化能人数据库。市县宣传文化部门通过举办演艺团体培训班和引导成立演艺联盟、演艺集团、民间艺术联合会等行业协会组织等措施，从多个层面强化了民办文艺团体的自我管理、自我约束、自我监督，使长期游离于政府管理之外的民间文艺团体、民间艺人紧密地团结在党委政府周围，让“百团大赛”成了党委政府联系、沟通民间文艺团体的桥梁和纽带，成为服务党委政府中心工作的重要载体和平台。各级新闻媒体加强正面宣传报道，提升了民办文艺团体和演艺市场的整体形象，营造了有利于民办演艺市场健康发展的社会舆论氛围。

（五）促进了民间传统艺术的交流和发展

“百团大赛”是“民间文艺博览会”，我们在赛事组织上还特别对地方传统文化艺术进行了一次大梳理、大展示，收罗了散落在民间的文化遗产，把许多面临被遗忘的民间传统文艺形式融入时代元素，让它们重新焕发了生命力。常德全市现有非物质文化遗产项目460多个。通过大赛活动，深入挖掘出一批常德民间特色文化资源，荆河剧、常德丝弦、傩戏、舞龙舞狮、常德渔鼓、三棒鼓、澧州大鼓等民间优秀传统艺术得到了宣传和弘扬，彰显了常德地方特色。

（六）推出了一批优秀典型和精品力作

“百团大赛”是民间文艺团体的“文化奥运会”，是民间艺人的“星光大道”。通过“百团大赛”的层层选拔比赛活动，大赛赛出了2个特别奖、10个一等奖、20个二等奖、30个三等奖、40个优秀奖、30个精品文艺节目奖、30个优秀创作奖、20个新人奖，涌现了海燕歌舞团等一批优秀文艺团体、优秀演艺人才和一大批深受观众喜爱的精品力作。

【案例反思】

回顾我市“百团大赛”的探索和开展情况，这里面成功的基础自然是在于群众的文化需求和文化自觉在不断增强，但是成功的重要推力还是在于我们的工作班子善于把握大势，能够准确地找到文化惠民的突破口，在群众文化活动上做文章，体现了我们从事文化事业工作一班人的作为。这个工作案例，不仅是我工作探索的一段历程，也是我个人领导力提升的一个过程。我觉得，在这其中最重要的一条，就是首先要找到工作的突破口，找到一个很好的切入点，并坚定地朝着已经明确的方向努力。从提升领导力的角度来看，我认为，领导者要实现“五力齐升”。

一是决策力，精准选题才能顺利破题。方向比能力更重要，领导力首先是决策力，决策方向正确才能确保我们做事正确。从我市开展“百团大赛”成功的经验来看，最首要的也是在于精准选题，着眼文化惠民惠于民，着手群众文化群众办，掀起群众文艺演出热潮，并逐渐常态化，促进我市形成群众文化活动“城乡互动、全民同乐”的生动局面。

二是辨别力，基础牢固才能工作稳固。要在一项工作中、一连串具体现象中，找到初始之源、不变之宗，也就是发现规律、找到本质，然后再围绕这个关键做文章。常德市“百团大赛”的显著特点是它的群众性，坚持群众自编、自导、自演、自评，团队由群众自己组织，观众就是演员，演员就是群众。广大人民群众通过亲身参与，才艺得到展示，心理得到满足，因而参与文化创造的积极性空前高涨。结合开展“百团大赛”的工作实际来看，就是要找到群众文化这个切入点，站好群众立场，打牢群众基础，通过政府搭台、全民参与，引爆群众文化活动的关注点和兴奋点。

三是关注力，上层发动才能全面推动。领导的注意力和关注度直接决定了某项工作的推进力度。对于“百团大赛”，市委市政府全力支持，成立了高规格的领导小组，把“百团大赛”作为文化惠民的重要平台。我自己也在调研、酝酿、决策、组织、推进等各环节全程参与，广泛集中民智、充分反映民意，通过持续的重视和推动，才有今天“百团大赛”百家争鸣、百花齐放的局面。

四是创新力，思路创新才能工作创新。创新力是最重要的人力资源。在搭建“百团大赛”活动平台的过程中，我们立足本地文化资源特色，深度挖掘本地“草根文化”，培植本地“草根剧团”，扶持本地“草根文化能人”，并通过对地方传统文化艺术的大挖掘、大梳理、大展示，促进资源变作品、作品变品牌，使散落在民间的文化遗产项目融入时代元素，焕发出新的生命力，提高了群众的参与度，增强了我市文化的影响力和辐射力。我们通过整合创新，开辟了群众文艺演出活动的新阵地，得到了群众的认可和赞扬。所以，创新力也是领导力的一个重要体现，要勇于创新，善于走出一条不一样的路子。

五是执行力，落实到位才能全面到位。一分部署九分落实，领导力也需要执行力。从“百团大赛”这个案例可以看到，顶层设计和部署安排是在意识层面，分步实施和具体组织是在行动层面，好的指导思想有了，执行力也不能打折扣，不然就会是花架子、光打雷不下雨。“百团大赛”的组织过程中，也会出现一些执行不到位、落实不到位的问题，面对问题和矛盾，我们都会果断出击、积极调整，确保既定方案不走样、既定效果不打折。

【案例点评】

提高执行力，一是明确方向，方向比能力更重要，方向正确才能确保我们做事正确。

二是把握关键。突破口找准了，牵一发而动全身的“枢纽性”问题解决了，就能够做到“纲举目张”，局面就能够迅速地打开。

三是及时督导。案例中在“百团大赛”的组织过程中，针对发现的一些执行不到位、落实不到位的问题，作者都会果断出击、积极调整，确保既定方案不走样、既定效果不打折。

濮阳“全民敬业行动”如何落到实处

中共河南省濮阳市委宣传部　郭岩松

【案例描述】

一、相关背景

党的十八大提出，倡导富强、民主、文明、和谐，倡导自由、平等、公正、法治，倡导爱国、敬业、诚信、友善，积极培育和践行社会主义核心价值观。2013年12月，中共中央办公厅印发了《关于培育和践行社会主义核心价值观的意见》，对培育和践行社会主义核心价值观进行了部署。2014年年初，中宣部、河南省委宣传部对培育和践行社会主义核心价值观工作相继进行了安排。

社会主义核心价值观十二个主题词二十四个字，到底应该怎么培育和践行？经过上级指导、广泛讨论、全面调研，结合濮阳实际，我们认为敬业彰显着爱国，体现着诚信，反映着友善，是公民个人价值理念的核心，也是富强、民主、文明、和谐国家价值层面和自由、平等、公正、法治社会价值层面的基石。从敬业入手，可以带动社会主义核心价值观的全面培育和践行。为此，我们决定在濮阳市实施全民敬业行动。

二、问题和挑战

如何实施全民敬业行动，面临的挑战主要有四点。

（一）组织难度大

全民敬业行动覆盖全市。人员类别多，针对城市居民、农村居民、机关工作人员、企事业单位员工等不同层次和对象。

（二）工作任务虚

敬业精神包括职业理想、立业意识、职业信念、从业态度、职业情感、职业道德等。如何把虚的任务做实，是对这项工作成败的考验。一旦出现“空对空”的现象，必然导致工作流于形式。

（三）结合融入难

在开展全民敬业行动过程中，全市正值组织开展党的群众路线教育实践活动、“一创双优”活动（创新思想观念、优化干部作风、优化发展环境）、全国文明城市创建活动，各项工作任务相互交织，如果不能做到结合融入，必然出现“两张皮”的现象，全民敬业行动将缺乏生命力。

（四）时间要求紧

2014 年 8 月 15 日，中宣部有关领导指出：“对一个地方来讲，培育和践行社会主义核心价值观，还是要抓住一个核心的部位，把它做透，真的把它做起来，真的让它收到成效。濮阳要尽快做出一套办法来，把全民敬业行动开展起来。”按照上级要求，把全民敬业行动做透、收到成效、形成经验，时间十分紧迫。

三、工作思路

根据问题和挑战，我进行了广泛调研、讨论、论证，最后明确了工作思路：

（一）突出一个主题

全力干好 8 小时、用心做好手上事。

（二）搞好三个结合

开展全民敬业行动与党的群众路线教育实践活动相结合，与“一创双优”活动相结合，与濮阳赶超发展的生动实践相结合。

（三）坚持四项原则

坚持以人为本，以外化内；坚持全民参与，分类实施；坚持结合融入，示范引领；坚持联系实际，注重实效。

（四）抓好五项重点

培育敬业理念、制定敬业标准、搞好敬业培训、开展敬业评价，打造敬业品牌。

四、工作举措

（一）加强领导，周密组织

一是科学谋划，制订方案。结合濮阳实际，制订了《关于开展全民敬业行动的意见》和《实施方案》，明确了开展全民敬业行动的指导思想、基本原则、主要任务、保障措施。

二是广泛动员，全员发动。2014 年 11 月初，召开了全市动员大会，针对城市、农村、机关工作人员、企事业单位员工等不同层次和对象，分类组织实施。

三是典型引路，强力推进。坚持现场观摩，以点带面。每月组织一次观摩会，先后组织了教育系统、卫生系统、工信系统、工商系统、财政金融系统推进会，使全民敬业行动扎实推进。

（二）突出重点，强力推进

在全民敬业行动中，我当时主要抓了五个方面的重点任务。

一是培育敬业理念。坚持文化涵育，充分发挥优秀传统文化怡情养志、涵育文明的重要作用，开展中华经典诵读活动。2014 年以来，累计举办经典诵读活动 530 场。加强舆论引导，在《濮阳日报》开设“最美敬业人 · 最美敬业故事”专栏，宣传最美敬业人、最美敬业故事 49 期，濮阳广播电视台在新闻栏目开设“最美敬业人”专栏，播出 45 期。

二是落实敬业标准。在制定标准的过程中，各级领导干部突出信念坚定、为民服务、勤政务实、敢于担当、清正廉洁要求，广大公职人员突出忠诚履职、依法办事、优质高效要求，城乡居民突出创业乐业、遵纪守法、崇尚文明要求。狠抓标准落实，依据敬业标准，活动开展以来，全市涌现出最美敬业人 1100 人，对落实标准不力、不作为、乱作为的 165 人进行了责任追究。目前，“让敬业标准成为习惯，让习惯超越敬业标准”已成了全市上下的共同追求。

三是实施敬业培训。建立“敬业堂”，做到有敬业标识牌、有敬业誓词、有敬业承诺书、有敬业歌曲，作为敬业培训的主要场所。选树敬业师，各单位把劳动模范等先进人物选树为敬业师，以“师带徒”的形式对普通员工特别是年轻员工进行言传身教。组织开展了最美教师、最美医生等十个系列最美人物评选活动，累计评选最美人物 100 名，在全市广泛宣传学习。加强职业培训，依托各级文明学校、党校、培训机构，累计开展市民培训 50 万人次、职工技能培训 30 万人次、农民技能培训 24 万人次。

四是开展敬业评价。敬业评价分为单位和个人两类，对各单位的考核，围绕推动科学发展、赶超发展，成立市综合考评委员会，由督查局牵头组织对全市各县区、126 个市直单位实施年度综合考评。对个人的评价，逐级成立敬业评价委员会，基层单位对所属人员每季度评价一次，主管部门与年度考核相结合每年度评价一次，逐人建立敬业评价档案，确保将敬业标准落到实处。注重结果运用，2014

年，根据考核评价情况，全市表彰先进单位2815个、先进个人2602人。通过敬业评价结果的运用，在全市树立了敬业者光荣、敬业者受人尊敬的浓厚氛围。

五是打造敬业品牌。在全民敬业行动中，注重品牌的培育和打造。在党政机关、窗口服务行业涌现出市级以上文明服务窗口46家。2015年3月，“老李热线”被中宣部命名为“全国岗位学雷锋示范点”。工信系统倾心打造精工产品，2014年全市工业增加值同比增长居全省第一位。农业系统强力打造农产品品牌，省级以上农业产业化龙头企业达到32家。工商业大力实施商标战略，打造国家、省著名商标105件。目前，全民敬业行动的成效正在转化为促进濮阳赶超发展的强大力量。

（三）双管齐下，考核推动

为推进全民敬业行动，一方面，由市委市政府督查局负责，把全民敬业行动纳入年度综合考评，督查局制定考核细则时，在宣传口的工作中加入全民敬业行动内容。另一方面，纳入文明创建测评体系，由市文明办负责，将全民敬业行动纳入文明单位创建、文明县城创建等系列创评活动测评中，以考核促落实、见成效、助发展。

五、主要成效

全民敬业行动实施以来，目前已取得初步成效。

一是带动了社会主义核心价值观的全面培育和践行。

通过实施全民敬业行动，促进了社会主义核心价值观落细落小落实，中央电视台在《新闻联播》节目中报道了我市培育和践行社会主义核心价值观的做法。2015年7月15日，中宣部全民敬业行动工作经验交流会在我市成功召开，我市全民敬业行动的做法与经验得到了中宣部的高度评价。在会上，中宣部向全国发出了学习濮阳全民敬业行动经验的号召。

二是提升了全民道德素质和文明素养。

目前，濮阳市1人当选全国“时代楷模”，2人当选“全国道德模范”，3人获得“道德模范提名奖”，36人荣登“中国好人榜”。

三是促进了濮阳的赶超发展。通过大力弘扬爱岗敬业的作风，早干快干多干成为常态，精益求精成为人们的自觉追求，为保持优势、创新态势、转型升级、赶超发展提供了强大的精神动力和思想保证。2015年2月，濮阳市成功创建全国文明城市。全市经济持续赶超发展，生产总值等12项经济指标增速进入全省第一方阵，城乡面貌焕然一新。

【案例反思】

一、提升领导力就要善于用学习的武器破解难题

习近平总书记在中央党校建校 80 周年庆祝大会上讲话时指出，“我们党历来重视抓全党特别是领导干部的学习，这是推动党和人民事业发展的一条成功经验”。我在抓全民敬业行动工作过程中，经常遇到困惑和难题，每每遇到困难，我都向学习要答案，认真学习习近平总书记系列重要讲话，认真学习刘云山、刘奇葆同志关于培育和践行社会主义核心价值观的重要论述，认真学习中央宣传部、省委宣传部一系列工作部署。通过学习，保持政治上的清醒和坚定，找到破解难题的办法。如果没有持续不断的学习，就不可能对全民敬业行动做到准确把握、运筹帷幄、统筹推进、取得实效。

二、提升领导力就要善于把虚功化为实做

宣传思想工作属于上层建筑，表现形式上务虚较多。在全民敬业行动中，我坚持把虚的理念变成实的项目，每周一次协调会，每月一次观摩会，一个系统一个系统地抓，一个项目一个项目地干，终于把濮阳的全民敬业行动做成了全国的品牌，自己也先后两次在中宣部组织的培训班上介绍经验。如果不化虚为实，就会出现“空对空”现象，也就丧失了领导力。

三、提升领导力就要善于成为团结协作的纽带

团结出战斗力，团结出凝聚力，团结提升领导力。在全民敬业行动中，我作为活动办主任，与负责教育、卫生、工商、工信、财税等各系统工作的副主任团结协作，牢固树立团队意识，心往一处想、劲往一处使、汗往一处流，使各个系统的全民敬业行动都得到了深入开展，从而取得了全市的成功，成就了事业，提升了自己。

四、提升领导力就要善于坚持干到极致、干到最好这一高标准

工作标准是一个领导干部理想信念、思想觉悟、党性党风、综合素质的直接体现，更是衡量领导力的重要标杆。在全民敬业行动工作中，无论是方案设计，还是活动开展，每一项工作我都坚持按照打造全国品牌的标准去做，力争干到极致、干

到最好，从而取得了突出成效，也使组织全民敬业行动的过程变成了提升自己领导力的过程。

提升领导力，永无止境；提升领导力，需终身努力。

【案例点评】

领导力既包括思想力，又包括行动力。前者相对为虚，后者相对务实，但二者相辅相成、相得益彰。

执行力之难就难在化虚为实，虚功实做。宣传思想工作属于上层建筑，表现形式上务虚较多。在全民敬业行动中，案例作者坚持把虚的理念变成实的项目，每周一次协调会，每月一次观摩会，一个系统一个系统地抓，一个项目一个项目地干，最后化精神为物质。

执行力还要善于落细，善于抓小，善于趁势，善于求实。案例中最终在落细和抓小的基础上，把濮阳的全民敬业行动做成了全国的品牌。如果不化虚为实，就会出现“空对空”现象，也就丧失了执行力。

在贫困地区建成了“国际书画村”

中共甘肃省定西市委宣传部　王美萍

【案例描述】

一、相关背景

通渭县位于甘肃省中部、定西市东侧，共辖6镇12乡，总面积2908.5平方公里，总人口43.2万人。千百年来，通渭人民崇尚耕读传家，习字作画蔚然成风，素有“家中无字画，不是通渭人”之说，形成了独特的“通渭现象”。全县现有书画创作人员3000多人，其中中美协会员5人、中书协会员36人，省美协会员73人、省书协会员65人。有各类画廊330多家，书画装裱和经销人员2000多人，先后被文化部、中国书法家协会授予“中国书画艺术之乡”和“中国书法之乡”称号。2014年，全县书画交易额达到了18亿元。

2007年1月，我进入了市委领导班子，起初担任市委统战部长职务。2009年12月，组织决定由我担任市委宣传部长，分管宣传思想和精神文明建设工作，联系社会事业口的工作。参加工作二十多年来，我先后在多个部门和岗位历练过，却始终没有在宣传部门工作的经历。面对陌生的工作领域和全新的工作任务，如何开拓工作新局面，对于我来说是一个艰巨的任务和巨大的挑战。

同时，定西是全国有名的贫困地区，如何在我的工作岗位上为定西人民群众脱贫致富做出一些贡献，这也是我念兹在兹地思考的问题。

二、创新思路

面对困难和挑战，我从共产党员的理想信念出发，从领导干部的历史责任出发，积极主动地进入角色，在统筹推进各项工作的基础上，坚持从当地实际出发，集中精力抓了几个有特色、有影响、打基础、管长远的项目，特别是由我主抓的“通渭悦心国际书画村”建设，着眼于丰富人民群众的精神文化生活，着眼于人民群众精神文明建设，着眼于开拓人民群众勤劳致富途径，从提高书画产业发展的集约化、规模化、专业化水平入手，全力建设“通渭悦心国际书画村”工程，从而使得这一文化建设工作成了甘肃省发展文化产业的示范项目和样板工程，成为我们定西市书画产业发展的新引擎，受到了上级和社会各界的关注与好评。

在“通渭悦心国际书画村”工程建设过程中，我的主要做法有以下五个方面。

第一，立足优势，大手笔谋划运作书画产业项目。通渭是享誉全国的书画大县，但长期以来，全县330多家画廊、装裱店分布零散、分散经营，没有形成集聚效应。面对这一现状，我和通渭县委、县政府主要负责同志在深入调研论证的基础上，大胆提出了在通渭县建设“国际书画村”的思路，并将其作为自己的包抓项目。但作为一个欠发达地区，资金问题成了最大的“拦路虎”。记得当时在担任市委统战部长时，认识一位叫廉牛辉的民营企业家，他是定西悦心房地产有限公司的老总，热爱文化，资产也比较雄厚。当我把这一想法告诉廉牛辉时，他马上表现出了极大的兴趣。经过多方衔接，“通渭县悦心国际书画村”项目正式出炉。项目总投资3.6亿元，总建筑面积7.8万平方米，分三期进行建设：一期工程1.08万平方米，已建成并投入运营，一层为书画作品汇展区，二、三、四层为书画创作交流区，入驻画廊98家；二期工程2.32万平方米，已全面建成并进入招商阶段；三期工程正在筹建中。项目全面建成后将有80～300平方米的商铺280余间，全部用于经营古玩、字画、剪纸、装裱等。

第二，高点定位，打造全国知名的书画交易市场。作为“通渭悦心国际书画村”项目的包抓领导，我始终按照“打造平台、争创一流”的目标模式，坚持高起点定位、高标准规划，努力将其建成文化产业的示范性项目。书画村建成后，以提供贷款担保、三年内免收房租等优惠措施吸引县内外书画名家及书画经纪企业、个人入驻。目前已入驻画廊98家，占全县总画廊数的近1/3。书画村周边配套建设了四星级酒店、温泉体验馆、游泳馆、室内网球馆和3D影院等，创造了良好的书画创作、交流环境，为打造全国一流的书画交易市场奠定了基础。

第三，大胆探索，创新书画产业发展和运作模式。书画村投入运营后，我又协调县上以之为依托，组建了通渭县画廊协会。协会由企业管理、运营，政府派专人负责指导、协调。以协会为龙头，每个画廊在经济上相对独立，组成生产、展示和交易联合体，实行抱团发展，发挥集聚效应，形成了“协会牵头、画廊集群”的管理模式。目前，已有168家画廊、130多名书画家和经纪人加入协会。先后邀请中书协、中美协会员以上书画家举办活动110多场次，参与人数达13.8万余人次；举办书画讲座20多场次，培训书画爱好者2000余人次。同时，还邀请全国30多位著名书画家在书画村开设了“名师工作室”，产生了良好的辐射带动作用。

第四，加强合作，探索媒体和书画产业融合发展之路。我充分利用自己在新闻界的人脉资源，引导书画村不断加强与媒体的合作，积极探索媒体和书画产业融合发展的路子，形成了“媒企合作、优势互补”的宣传模式。2013年12月，中央电视台在通渭县免费开通了中央数字电视书画频道，为当地书画创作人员和爱好者搭建了学习、交流的重要平台。同时，在书画村设立了书画频道驻甘肃记者站，常年宣传报道通渭县的各类书画交流活动和书画产业发展情况。2014年8月，书画村与甘肃卫视公共频道签约，联袂打造了我省唯一一档书画鉴赏收藏类栏目《悦心书画苑》，用电视媒体的传播优势和呈现方式，放大和宣传了通渭书画品牌。

第五，科学谋划，组织开展经常性书画交流活动。书画村建成后，承担了原来由政府出资承办的大量会展活动，政府有关部门只提供业务指导和协调服务，形成了“政府引导、企业运作”的商业模式。先后成功承办了三届通渭国际书画艺术节和一系列大型节庆、展览活动，形成了“年年有节会、月月有展览”的运营格局。在中国美术馆和上海、天津、西安、兰州等地举办农民书画展360多次，展出作品6万余件；邀请270多名书画名家深入通渭采风，交流作品3000余件；组织县内书画家赴外交流210多人次，交流作品2万余件，其中4人应邀赴韩国、日本进行交流。2014年，通渭县文化产业实现增加值9260万元，占GDP的比重达到2.76%，同比增长42.5%。

【案例反思】

作为一名女性领导干部，推进“通渭悦心国际书画村”工程建设的过程，也是我领导力得到锻炼和提升的过程。我从中得到的主要经验和体会，主要有以下四个方面。

第一，提升女性领导力，必须把加强学习作为首要任务。知识是解决一切问题的金钥匙。刚刚担任宣传部长时，我对宣传思想文化工作比较陌生，对如何运作文化产业项目更是心中没底。但通过不断的学习、研究，自己逐渐形成了一套比较完整的思路，并最终推动了项目的落地建设。我从实践中深刻体会到，只有不断加强学习、充实自我，才能寻找到领导能力提升的突破点。女性领导要努力学习市场经济、现代科技、法律法规等知识，并不断总结工作中的经验，提高科学决策能力。

第二，提升女性领导力，必须把发挥特长作为基本前提。在推进书画村建设的过程中，我深深地感到，面对新形势、新任务，要求管理工作更加科学、民主、规范，需要更多柔性管理、精细化管理、制度化管理。相对而言，女性所特有的敏感性、洞察力和母性思维以及更精致、更耐心、更敬业的特质，使其更善于与他人交流与合作，也更易赢得社会的支持和认可。因此，作为女性，应克服自弱和示弱心理，充分发挥自身特长，努力以饱满的工作热情、良好的精神状态推动各项任务落实。

第三，提升女性领导力，必须把抓主抓重作为根本方法。干出特色、争创一流，这应是衡量女性领导力的重要标尺，也应成为所有领导干部的自觉追求。而要做到这一点，就要在理念层面不断追求卓越。“智者因势而变，借智而行”。作为女性领导者，首先要学会当一个“智者”，做到能够迅速应对外部环境的变化，同时能够集大家之所长为我所用，借大家共同的智慧不断地前进。要在抓好日常工作的同时，把更多的时间和精力放在谋大事、抓重点上，着力解决全局性的重大问题。所谓“放慢脚步走对路”，对领导者而言更为重要。

第四，提升女性领导力，必须把刚柔并济作为重要品格。在推进书画村建设的过程中，面对一系列困难和问题，我有时也犹豫彷徨、举棋不定，但却从未打过“退堂鼓”，而是以锲而不舍的韧劲不断克服困难、解决问题、推动工作。我深感女性领导在事业上要想有所成就，在具备女性的温柔、细腻、富于情感等优势的同时，应有意识地改变优柔寡断、临事不决的形象，学习男性领导的刚强、果断、意志坚定等优秀品质，将女性的魅力和智慧与男性的意志和魄力融于一身，达到以柔克刚、刚柔并济的效果。

【案例点评】

抓工作，要抓主要工作，抓工作的主要方面。案例中作者对宣传思想文化工作原本比较陌生，但通过不断的学习、研究，逐渐形成了一套比较完整的思路，并最终推动了文化产业项目的落地建设。“放慢脚步走对路”，领导者应当在抓好日常工作的同时，把更多的时间和精力放在谋大事、抓重点上，着力解决全局性的重大问题。

抓工作，还要有韧劲。“久久为功”，面对一系列困难和问题，要能够锲而不舍地克服困难、解决问题、推动工作。

将农牧民“安居工程”作为突破口

西藏自治区食品药品监督管理局　格桑玉珍

【案例描述】

一、相关背景

西藏位于中国的西南边陲、青藏高原的西南部，面积122万平方公里，约占中国总面积的八分之一，是世界上面积最大、海拔最高的高原，素有“世界屋脊”“地球第三极”之称。由于历史和自然等因素，如今西藏依然处于欠发达地区。到过西藏的人可能看到过，或从电视新闻网络媒体上了解到，在新农村建设之前西藏农牧民群众的住房大部分是低矮、阴暗、潮湿、破旧的，有的还人畜混居。

党的十六大以来，党中央、国务院先后部署全面建设小康社会和社会主义新农村建设，西藏自治区党委、政府提出了林芝地区要“率先全面建设小康社会”的要求。

我于2002年7月到西藏工布江达县任县长。作为新任县长，当时摆在我面前的重要任务是能否在这个岗位上做到为官一任、造福一方，让百姓安居乐业，增收致富，过上小康生活，这是我接到任命以来一直思考的问题，尤其是工布江达县曾经是林芝地区唯一的区定贫困县，要在建设小康社会和新农村建设中不掉队，与林芝地区其他县同步实现奋斗目标。上任伊始，我听取了县政府各部门的工作报告，对县情有了初步了解，紧接着到各乡镇调研，一路带着如何建设小康社会和社会主义新农村建设的问题展开调研。

我们县有一个著名的村叫阿沛村，那是全国人大原常委会副委员长、全国政协副主席阿沛·阿旺晋美同志的故乡。2001年7月，阿沛村发生了洪涝灾害，县委、县政府及时把此情向地委行署和有关部门反映，得到了福建省对口援藏领队的关心和帮助，整村从河边搬迁到山脚，进行统一规划设计，修建水、电、路，补助农户建新房，重建了阿沛新村。到过阿沛村的人都知道阿沛村村容整洁、环境优美，群众生活文明富裕。

来到阿沛新村，看到村容村貌整洁，房前屋后植树种花，十分漂亮，群众用上了电、自来水，生活便利，与其他村庄形成了鲜明的对比。阿沛新村，不就是未来的新农村建设的样板吗?！于是我就下定决心，一定要让更多的群众住上像阿沛新村一样的新房，生活在阿沛新村一样的村庄，这就是“安居工程”思路的雏形。

二、问题和挑战

全县9个乡镇的调研结束后，我将想法与当时的县委书记（福建援藏）进行了汇报和沟通，书记赞同我的想法，于是与县四大班子成员广泛沟通和交流，大家普遍认为想法很好，但不具备条件，提出许多疑问，如群众能否配合？国家和自治区层面没有这样的政策和项目，建房补助资金哪里来？如何确保目标的实现？等等。会后不少干部说风凉话，说新来的女县长急于做政绩工程与形象工程，给群众增加负担，等等。

但我坚定地认为，“安居才能乐业”，此项工作对百姓来讲是一项惠民工程，既符合当前的形势，又切合群众的需求。我首先在政府班子内统一思想，提出了坚持因地制宜、突出重点、分步实施、整村推进的意见，并制订了以农房改造为突破口的新农村建设试点方案。

三、开展行动

县政府制订的以农房改造为突破口的新农村建设试点方案，经多次征求意见并修改完善后，最终在四大班子会议上通过了，并确定了我县巴河镇八个行政村先行试点。接下来召开了全县干部职工大会动员并安排部署相关事宜，可以说举全县之力开展新农村建设试点工作。

（一）解决资金

县财政每年的收入不到1000万元，本级财政收入只能保证日常的工作经费，自身财力无法解决工程需要。即将启动的“安居工程”资金从哪来？我先后到自治区发改委、财政厅争取项目资金，答复都是一样的，没有这方面的项目资金。在我县巴河流域进行的农业综合开发项目的资金是自治区农发办解决的专款，实施了几年，成效不是很明显。经多次与自治区农发办的领导协商，自治区农发办同意将农发的部分资金400万元用于第一批农房改造资金，以政府补贴的方式支持群众建房。另整合县交通局和水电局的项目资金用于试点村修路、自来水和电。群众建房资金大部分靠群众自己存款解决，不足部分通过县农行贷款解决，家庭确有困难的，县委书记、县长带头全县干部职工拿出工资卡为群众贷款提供担保。五保户和特困户则采取政府补一点、单位帮一点、群众筹一点、社会捐助一点、群众义务投工投劳的办法，较好地解决了资金瓶颈问题。群众贷款最终都按时偿还，没有一家拖欠。从此县农行给农牧民的贷款额度增加了，还给村里挂上了信用村的牌子。

（二）动员群众

群众参与是社会主义新农村建设的基础，社会主义新农村建设的主体是群众。试点初期，农牧民群众对农房改造工作热情不高，不太理解，更不愿意贷款建房。于是，我在每个村都安排了两名县领导和两个县直单位人员蹲点，对群众大力宣传农牧民“安居工程”的重要意义以及农房改造的优惠政策，同时进行建设指导，还组织各乡镇和村负责同志、人大代表、政协委员、离退休老同志实地参观示范村建设。注重发挥村干部的带头作用，做到新农村建设村两委先行一步，为本村群众做示范。经过耐心细致的宣传教育和动员，农牧民群众思想开始转变，从不愿贷款到主动贷款，从被动建房到主动建房，激发了群众建设新家园的热情，调动了群众的积极性，新农村建设试点工作于2003年年初正式展开。

（三）组织领导

一是我们成立了以县委书记为组长、县四大班子领导和县直相关部门和乡镇负责人为成员的领导小组，下设办公室，并分技术组、财务物资组、绿化木材石料管理组三个工作小组，各乡镇也相应成立了领导小组，主要领导亲自抓，分管领导具体抓，保证了组织领导到位。二是实行了县领导、县直单位联系点制度，县级领导进驻到各村进行实地指导，协调解决农牧民“安居工程”中遇到的困难和问题。三是分工明确，责任到人，通力协作，各司其职，保证工作顺利进行。再把县直部门、驻县的中区直部门也整合起来，集中人力、物力、财力，进行了整村的推进。四是建立了有效的监督机制，把“安居工程”建设工作业绩与干部年度考核、提拔任用相挂钩。通过制定联系点制度、目标责任书制度等把任务分解到户，责任落实到人，深入建设第一线，与农牧民群众打成一片，出主意、想办法，共谋发展之策，保证农牧民安居工程的顺利实施。

（四）规划设计

规划设计是社会主义新农村建设的前提，新农村建设要体现小康村的时代特征、民族特色和人与自然环境的和谐，就必须统筹规划安排。在全县干部职工花名册中找出凡是学规划、建筑和土木等方面的专业干部职工集中起来专门成立规划设计组，采取技术人员分片负责、挂点领导进村指导的方式。规划中充分考虑民族风格、地域特征，并深入了解群众的生活习惯、征求群众的意见，提供多种风格、不同户型供农牧民群众选择，保证规划的可行性，做到每村均有平面规划图、水电路布局图、整村效果图，且把握“六通六有三结合”的原则（“六通”即：通水、通电、通路、通广播、通电视、通电话；“六有”即：有一个村民委员会办公楼，有一个升旗台，有一个公共厕所，有一排路灯，有一排牛棚，有一个增收渠道；“三结合”即：做到新农村建设与转变观念、改变生产生活方式相结合，与发展特色经济、增加收入相结合，与加强基层政权建设、强基固本相结合），规划设计成果经领导小组审定后实施。

四、工作成效

2003 年 3 月，我县采取以农牧民投入为主、政府适当补贴的方式，以巴河镇八个行政村为试点启动了农房改造工程。2004 年，一座座新房在我县巴河流域拔地而起。地委、行署主要领导到我县视察时，看到巴河流域的新农村建设，说：“这些新房好像是一夜之间冒出来的”。2004 年 6 月初，地委、行署在我县召开了全地区的农房改造现场会，铺开了林芝地区的农房改造工程。

2005 年 4 月，原自治区党委书记杨传堂同志从山南到林芝至拉萨进行调研，视察我县农村新面貌后，给予高度评价：“工布江达县工作思路最清楚、选择重点最突出，发展最快，老百姓所得实惠增长也是最快的。”2005 年 10 月，党的十六届五中全会通过《十一五规划纲要建议》，提出按照“生产发展、生活宽裕、乡风文明、村容整洁、管理民主”的要求建设社会主义新农村。

根据中央的战略部署，2006 年年初，自治区提出在全区实施农牧民安居工程，并明确了用五年时间完成 80% 以上的农牧民群众住上新房的目标。为此，各地、市、县迅速行动起来，高原大地处处是社会主义新农村建设的喜人场面。我县在原有基础上，又提出了“力争在三年内使我县 100% 的村和 90% 以上的农牧民群众住上新房，提前两年实现安居工程建设”的总体目标。2006 年 11 月，自治区党委书记、政府主席和各地市市长、书记、专员参加的全区农牧民安居工程现场会又以我县为主会场召开，西藏自治区党委书记张庆黎同志莅临我县检查指导工作，评价我县新农村建设“为全自治区带了好头，树立了榜样”。

如今，西藏经过连续七年建设，全区农牧民“安居工程”已在 2013 年年底收官，全区43.06万户、230万农牧民群众彻底告别了昔日低矮、阴暗的土坯房，住上了安全适用、宽敞明亮的新房。

农牧民安居工程不仅改善了群众的生产生活环境和条件，更提高了群众的生活水平，提升了群众的综合素质，改变了群众的思想观念。农牧区面貌从生存环境到人的精神都焕然一新，农牧民群众求神拜佛的少了，积极发展生产、一心致富的多了；喝酒、打牌、玩麻将的少了，学知识、学技术的多了；守着自己几分地几头牛、足不出户的少了，跑运输、经商、干个体、外出务工的多了。

【案例反思】

领导能力是把握组织的使命及动员人们围绕这个使命奋斗的一种能力。领导者的基本任务是建立一个高度自觉的、高产出的工作团队，领导者引导团队共同努力实现既定目标。在工作中领导者要有胆识魄力，要高瞻远瞩、有战略思维，能共启愿景，能够勇者不惧、敢于担当，要走在时代的前列，走在队伍的前列，要有非凡的决策力、坚强的意志和扎实的执行力。作为领导者就要在改革创新的观念上先人一步，在改革创新的思路上高人一招，在改革创新的举措上胜人一筹。

经过学习，我深深体会到：把握机遇乘势而上是关键；实施农房改造、农牧民安居工程是目标，超前思维、果断决策是战略，加强沟通交流形成共识是策略，制订方案、规划设计是途径，整合资源、有序组织是保障，为群众办实事、谋福利是目的。领导人要做到把优秀的人才与财物聚合在一起创造业绩，要有严谨的组织力；领导人要做到凝聚人心，使人们心甘情愿地跟着走，拥有大批的追随者，有人心所向的感召力和沟通力；领导人要为部下设定合理的工作目标，制定高效科学的工作流程，并定期检查督导部下的工作进展，使工作向目标推进。

【案例点评】

执行一要注重把握机遇，乘势而上。案例中作者以农牧民“安居工程”这一既符合当时形势、又切合群众需求的工作为突破口，惠民工作有了实实在在的抓手。

执行二要加强沟通，形成共识。领导干部提供的服务越到位，人民群众对领导干部的认同越主动。

执行三要整合资源，有效组织。案例中作者积极想办法，通过有效整合，解决了思想、资金等关键问题。

执行四要激励督导，确保推进。通过明确机构、制定任务书等多种方式，保证工作落到实处。

沟通协调

"五局合作"提升跨部门协同力

国家知识产权局专利局　钱红缨

【案例描述】

一、相关背景

2011 年秋，我在外学习期间，接到了所在单位国家知识产权局专利局的通知，组织安排我学习结束后，到局里的国际合作司挂职任副司长，挂职时间到 2012 年年底，主要负责"五局合作"工作。

"五局合作"，即中国国家知识产权局、美国专利商标局、欧洲专利局、日本特许厅和韩国特许厅于 2007 年建立起的一种合作机制，旨在通过这五个专利申请总量占全球专利申请量百分之八十以上的知识产权大局之间的合作，"消除各局之间不必要的重复性工作，提高专利审查效率和质量，确保专利权的稳定性"；合作内容涉及专利文献、自动化、审查员培训、统计指标、审查质量管理等多方面内容。由于此项合作涉及面广、专业性强、影响力大，各个参与局都希望通过加强这种局际的业务合作来提高自身的工作效率和质量。我局也是基于同样的考虑参与了这项合作，并成立了一个挂靠在国际合作司的"五局合作工作组"（以下简称五局组）。五局组的项目官员都是从各个相关的业务部门借调来的，每人在五局组工作一至两年。

作为分管五局合作工作的挂职司领导，我的主要任务是：带领五局组，协调全局的相关部门，在五局合作的平台上开展工作，一方面服务于我局的能力建设，另一方面为我国的创新主体走出去创造更为有利的国际环境。

二、问题挑战

接手这项工作，我面临的挑战主要有以下四个方面。

一是人员缺乏经验。我接手五局组时，正值借调人员轮换，组里大部分项目官和我一样都是“新人”，没有相关的工作经历和经验，而且除我之外，这些项目官全部是三十岁刚出头的科级人员。

二是时间紧、任务重。我们要在短短一年时间里，召开四次局长（副局长）级的会议、至少四次业务层面的会议，每次会议都有多达几十项议题，五局组在会前需要协调组织全局相关部门完成所有议题的准备并上报参会对案；在会上要密切关注各局的动向并根据需要做出应对方案以确保完成既定的任务；在会后要及时上报会议情况及汇报材料并根据会议的决定部署后续工作。

三是协调工作量繁重。五局合作的内容涉及多项业务，通过十余个项目按照不同的方式推进，这些项目分别由局里不同的业务部门牵头，但这些业务之间又彼此关联，需要由五局组做好全局的统筹和部门之间的协调，形成全局性的推进方案。

四是一些新情况、新问题需要研究和应对。五局合作在开展了四年多后进入了调整期，各局出于自身利益的考虑，分别提出了各种关于增减合作项目、调整合作机制的建议，其中一些内容超出了五局之前确定的合作框架，处理不好有可能影响我局与世界上除五局之外的其他各局，尤其是一些发展中国家知识产权局的关系，需要组织相关部门尽快研究出能够促使五局合作朝着于我局有利的方向推进的方案及策略。

三、工作思路和主要做法

为了尽快进入角色、胜任工作，我经过认真思考，明确了以下两个方面的基本工作思路：首先，要群策群力，努力激发五局组里每位项目官员的工作激情和潜能，最大限度地发挥每个人的主动性、积极性和创造性，提升个人能力，强化团队意识，打造出一个团结协作、敢想会干的卓越团队；其次，要最大限度地发挥各个项目牵头部门的作用，使局内参与五局合作工作的各个部门形成良好的合作关系，大家拧成一股绳，合成一盘棋，高效推进工作。

我们的主要做法有：

第一，自我提升。为使自己迅速进入角色，我利用两周左右的时间进行密集的工作调研，走访分管国际合作工作的局领导听取指示，走访国际合作司的领导了解具体的工作要求，走访过去负责此项工作的同事了解工作的整体情况及细节，走访五局组的所有项目官了解团队的组成情况。同时，还在一周之内阅读了局里OA系统上积累的过去几年与五局合作相关的数百份公文，尤其是过去几年五局召开的所有会议的报告，梳理出了这些年五局合作推进的脉络，以及各局的立场及利益关切，对自己所负责的工作有了较为清晰的掌握。

为了提高自己在国际合作工作中的政治敏锐性，我还学习了有关党的外事工作路线、方针和政策的文件，阅读了一些著名外交家写的书籍。在一年多的挂职期间，为了全面掌握、及时跟进工作的总体情况和各项目的发展进程，我每天都亲自阅读五局间交换的所有文件，掌握第一手信息，这样，项目官来请示和汇报时，我已对相关议题的基本情况有所掌握，可以直接与他们进行情况分析、讨论工作思路和方案，不但大大节省了与项目官员们沟通的时间，提高了工作效率，还树立了威信，赢得了认同和尊敬，较为顺利地带领着整个团队齐心协力、努力高效地工作。

第二，带好队伍。为激发五局组里每位项目官的工作激情和潜能，我多次召开组内的情况分析会，请每位成员就自己所负责项目的来龙去脉、现状和预期走向、各局的立场、我局的利益关切等问题进行分析讲解，鼓励大家交换想法和意见，尤其是遇到的困难、希望在组里得到的帮助等等，使组内成员们彼此间不断加深了解、凝聚共识、形成合力。此外，我还经常与组里每位项目官进行一对一的交流，除了聊工作，还进一步了解每个人的经历、能力、想法、需求、借调五局组期间希望有哪些收获，特别是工作中有什么困难等。对于合理的需求，及时予以认可；对于实际的困难，真诚地帮助其想办法克服，拉近了彼此的距离。例如，有一位工作非常出色的项目官想报考在职博士进一步提升自己；还有一位女项目官员的爱人在外地挂职，她自己一人照顾上小学的孩子。对于前者，我明确表示支持从而打消了其顾虑；对于后者，我建议组里不安排其出差和加班等。

诸如此类的事情，使团队中每个人都感受到其需求得到了尊重、困难得到了解决，因而都用加倍努力工作来回报，并且团队成员彼此间也形成了很好的互相帮助、协同工作的氛围。在这一年中，五局组经常利用各种机会进行工作交流，既包括定期开会交流各项目的进展、遇到的问题、工作的思路，也包括在出国参加会议期间进行密集的组间讨论、针对突发情况共商对策；既包括每次请一两位项目官介绍自己工作的思路和方案供大家借鉴学习，也包括通过“头脑风暴”等方式互相启发、达成共识，使每个人的积极性、创造性得到了充分的发挥，整个队伍成长迅速。

第三，协调各方。为使局内参与五局合作相关工作的各个部门形成良好的合作关系，我注意与相关部门的领导保持密切的沟通，及时向他们通报最新情况，听取他们的意见建议，了解他们需要什么样的支持和配合，主动合作、相互补充、追求共赢，在此基础上组织相关部门分别针对一些新情况和新问题进行研究，做出形势判断，提出工作建议，形成提交给局领导的报告；在工作取得重要进展或者完成了重要工作之后及时组织相关部门召开有局领导参加的“工作总结会”“庆功会”或者“情况通报会”，在会上请各部门介绍各自项目的工作成果，交流工作经验，增进部门间的了解及互动，共同探讨进一步的工作方向和推进方案，使得各个部门感觉到其工作的重要性得到了充分的尊重，工作付出得到了认可，工作成绩得到了肯定，相互支持和配合做得越来越好。

第四，寻求指导。在工作的推动过程中，我特别注意与上级领导保持沟通，寻求支持。当工作取得进展，或者需要做重大决策及遇到困难困惑时，根据情况采用不同方式及时向局领导和国际司的领导请示汇报，一年中通过数十次的口头请示汇报、若干次的专题会议请示汇报、若干次的报文请示汇报，获得了许多明确具体的指导和鼓励支持，也赢得了领导的认可。

四、工作成效

第一，成功组织全局各相关业务部门通力合作、形成合力，在陆续召开的四次五局局长级会议、四次五局业务层面会议上，以及在各个业务项目的推进过程中，不但充分展示了我局积极开放的姿态以及专业务实的精神，增加了于我局有利的影响，还促进了五局合作朝着有利于我局发展的方向推进。

第二，成功组织相关部门就一些重要项目的进展和走势进行分析研究，领导五局组完成并向局领导提交了多份有价值的报告，分析形势、提出建议，使得我局参与五局合作的目标更明确、思路更清晰、推进更高效、成果更丰富。

第三，利用五局合作的平台锻炼了队伍。通过一年多的辛勤努力，不但五局组的所有项目官员的工作能力得到了大幅提升，局里相关业务部门参与五局合作工作的人员也利用这个平台得到了锻炼，使得我局参与五局合作事务的能力得到了提升，国际型人才队伍得到了壮大。

【案例反思】

反观这一年的挂职经历，也有一些做得不够的地方。尤其是在最初的几个月里，自己个人辛苦勤奋有余，放手力度不够。在一些项目的推进过程中，自己参与较深、把关较严，使得项目官们产生依赖心理，不敢大胆做出决策，更多的只是充当执行者的角色。在几次出国参加局长级会议之前的准备会上，都是由我向局领导汇报各项议题的准备情况，回答局领导的提问。当我意识到这种工作方法存在问题后，我有意识地让自己退后一步，对于一些业务性的议题让项目官自己做决策，遇到需要协调的问题鼓励他们自己先去同相关业务部门沟通协调，寻求解决方案。在他们独立面对问题、处理问题、做出决策之后，或者在他们确实遇到难以解决的困难时，再参与进去，提供所需要的支持。另外，我还创造了一些机会让项目官们面对局领导进行工作汇报。这样，不但减轻了我自己的工作强度和负担，还进一步发挥了项目官的潜能，使得他们的能力也得到更有效的锻炼、展示和提升。

【案例点评】

古人云："宝剑锋从磨砺出，梅花香自苦寒来。"艰巨的工作、困难的任务，往往是增长领导干部阅历、锻炼领导干部能力、促进领导干部成长的途径和方法。面对困难与挑战，各级领导干部只要无所畏惧、敢于迎接挑战，那么，收获的往往就是成长与进步。

打造机关干部心理健康的“浙江模式”

中共浙江省直机关工委　鲁维明

【案例描述】

一、案例背景和主要挑战

党的十七届四中全会提出了“提高党的建设科学化水平”这一重大命题和任务，同时强调，除了继承和发展党建工作中的成功方法外，应积极借鉴并运用包括心理学在内的现代科学技术手段开展党建工作。

心理学有助于了解党员干部深层次的思想动态及其影响因素，有助于加强党员干部的政治信念。心理素质与提高干部的领导能力有很大的关联性。人的性格、情绪、自我控制能力等因素对领导能力有重大影响。现在干部队伍建设中存在的一些问题，如重个人选拔、轻团队班子建设等问题，也可以通过心理学方法来解决。

虽然党员干部总体心理状况良好，但不可否认，省直机关党员干部心理健康现状令人忧心，应该给予高度重视。有一定比例的党员干部存在心理紧张，职业倦怠，幸福感低，焦虑、抑郁和身心亚健康症状突出等问题。2011 年机关干部心理健康状况抽样调查表明，有相当比例的人心理健康指标低于正常水平，少数人心理健康状况较差，在人际交往、情绪调节、自我认识等方面存在不同程度的问题，需要进行心理干预和心理治疗。近年来，党员干部辞职离岗等现象呈上升趋势就是明证。

近三年来，浙江省直机关工委根据中央要求在机关干部心理健康促进工作上加大力度。我在班子里是负责分管这块工作的，具体牵头执行部门为宣传部，机关工会、妇委会、团工委及其他部门配合实施。作为心理健康工作的分管领导，应如何发挥女性领导优势，积极实施促进干部心理健康工作三年行动计划，把促进心理健康作为思想政治建设的重要内容？

我分析了一下，这项工作面临的主要难题有：

第一，省直机关党员干部心理健康工作基本还是空白。机关干部作为管理社会公共事务的特殊群体，虽有着强身健体、调整心理平衡的客观需求，但从整体看，省直机关心理健康工作还处于起步阶段，从观念、人员、组织机构、经费、场地等各方面看，还远远不能满足需要。

第二，省直机关心理健康工作没有更多的可借鉴的经验，没有现成的模式，需要有独创性和结合实际的可操作性。

第三，如何争取省委省政府领导的支持和认可，如何纳入党建工作，是一个难题，也是一个关键点。

第四，自己对心理健康知识不了解，不熟悉，需要学习。如何尽快掌握相关专业知识，是一个很大的挑战。在具体工作中，会遇到很多专业问题，需要自己具备专业素养和眼光，如网站建设、心理咨询等。

二、工作举措

我在班子两任主要领导的支持下，与各部门同志一起，重点开展了下列工作。

（一）明确工作目标

我们的目标是通过这项工作，建立较为完善的省直机关心理健康工作的体系，构建队伍，形成良好的社会舆论导向，提高心理健康知晓度，消除机关党员干部心理疾患，提高心理素质。

（二）上升心理健康促进工作的层次，成为浙江省直机关工委党建工作的组成部分

以浙江省直机关工委的名义，印发《浙江省直机关“组织实施促进干部心理健康工作三年行动计划”实施意见》，制订机关干部心理健康“1 解 1”行动计划（使每名机关干部了解、缓解、纾解、化解一个以上心理知识、心理压力、心理纠结和心理矛盾），列入考核内容，成为省直机关党建工作的重要任务之一。开展机关心理健康活动成为省直机关文化建设的一个重要方面，也是省直机关思想政治工作的一项重要内容。省直各单位党组织高度重视，应认真按照工委要求，对心理健康工作做到思想到位、组织到位、措施到位。

（三）制订完善的工作计划和实施方案，严格执行

在机关干部心理健康状况调查基础上，我们组织浙江大学、浙江省心理卫生协会有关专家学者研讨论证，赴上海、江西和杭州市等公务员心理健康工作试点单位学习经验，确定了省直机关心理健康的工作目标、工作途径、范围、资金预算等，制订具体的行动计划，确定“关心关爱、培训教育、援助服务、干预应急”为建立和完善机关干部心理健康四个机制，确定“了解心理知识、缓解心理压力、纾解心理纠结、化解心理矛盾”为心理健康工作目标。一是建立两支队伍，即心理健康工作联络员队伍、心理健康服务工作骨干队伍。二是广泛宣传心理健康行动，大力普及心理健康知识。三是点面结合，重点推动，服务上门。四是紧锣密鼓地建设心理健康行动五大载体。成立省直机关心理健康服务中心，设置“午间正能量分享”活动场所，建立“省直机关心理健康在线”网站，开设心理咨询服务热线，把“1 加 1 行动计划”作为培养正面心理的平台。

（四）扩大协作，发挥多方力量

心理健康行动开展两年多来，省直机关工会举办“好情缘”系列活动，关心单身会员的身心健康。省直机关团工委组织“光明吾心”系列培训，开展机关青年心理健康训练。省直机关妇委会创办“三味书院”，举办心理剧《心灵游戏》展演解读活动和“幸福女性——妇女干部情商训练营”等。据统计，各类活动吸引了省直机关 9000 多人次参加，得到广泛好评。同时，积极与省直各厅局和社会知名企业开展合作，共同举办有影响的心理健康活动。

三、工作成效

浙江省委主要领导为省直机关心理健康促进工作专门批示，充分肯定了工作成绩。我还代表浙江省直工委参加国家机关工委和中科院心理所联合举办的公职人员心理健康公务员专场（活动）论坛，并作为省级代表作了典型发言。中科院心理所还把我们的心理健康促进工作提升为“浙江模式”。总的来看，心理健康行动深入人心，心理健康工作得到重视，并且改善了机关干部职工心理素质和精神面貌，在促进经济转型升级、加强和创新管理等方面发挥了积极作用。

【案例反思】

这一工作着力于心理健康体系构建和载体建设，用科学方法推进省直机关思想政治建设做了大量的有益的尝试，对于提高机关干部和群众的心理素质，建设一支

高素质的机关工作队伍，具有重要的理论和实践意义。

这项工作得以在短时间迅速启动开展，广泛得到省直机关各厅局机关单位的响应，赢得省委、省政府领导的充分肯定，与省委省政府领导的支持，工委主要领导的正确决断，周密统筹、精心设计、详尽计划可操作性的方案，有效的宣传，大力度地培训，经费有保障是分不开的。

（一）争取领导的重视和支持

心理健康行动伊始就通过多种途径多次向省委省政府领导汇报，省委主要领导给予批示，表示大力支持，省财政及时给予经费支持（三年620万元专项资金）。工委主要领导亲自挂帅，科学决策，其行动也获得省直各单位尤其省卫生厅的大力支持。一些单位领导比较重视，能安排一定的经费满足机关干部在心理健康设施和图书资料等方面的需求。

（二）围绕中心工作开展活动

机关工委的核心任务是紧紧围绕全面深化改革、“五水共治”中心任务开展。而机关心理健康工作也要突出这个重点，如果心理健康活动离开这个主题，就会失去正确的方向。因此，依据新形势新任务的要求、机关中心工作、主题教育实践活动来确定心理健康活动内容和方式，是确保机关心理健康活动有序开展、不流于形式、不影响和干扰工作的前提。

（三）要构建合适的载体和平台

好的载体是任何一项活动成功的必要条件。心理健康网站、咨询电话热线、服务中心等每一个平台的推出，都对心理健康活动发挥了很大推动作用。舆论宣传上，充分发挥“浙江工委发布”微博、青年网军、省直“智慧团青”APP平台作用。如果没有开展“午间正能量分享”活动，机关干部就没有机会利用午间休息时间在省府大院进行活动，陶冶情操、纾解压力、放松心情。该项活动开展以来，先后有3000多人次参加活动。

（四）要发挥各方作用，扩大协作

心理健康行动不是工委一个部门的事，也不是工委一个单位的事。一要充分发挥省直机关工青妇等群团组织的作用，形成密切配合、齐抓共管的工作格局。二要加强与省直各厅局和社会企业的合作与联系，共同举办心理健康活动，增进机关干部之间的工作联系和情感交流。三要充分发挥心理专业机构作用，为机关心理健康工作提供咨询和意见，在具体实施过程中提供指导和帮助，并担任心理健康培训老师。

（五）注重心理健康活动效果和干部职工参与度

在组织机关心理健康活动过程中，如果在方法和内容上不够正确、不够科学，就容易流于形式，难以达到预期效果。不同年龄、不同层面的干部职工参加心理健康活动的动机和需求都不同，参与活动不够平衡。所以要根据干部层面、年龄、性别、单位等选择合适的活动内容，选择有效的载体和形式，加大活动的宣传力度，引导机关干部自觉参与心理健康活动。

（六）注重工作创新，机关心理健康活动要与时俱进

在继承心理健康工作传统做法的基础上，结合各自单位实际，突出单位特色，创造性地开展工作，在活动机制、方式和服务保障上进行探索，不断推动机关心理健康活动创新和持续发展。

（七）要充分发挥自身主观能动性

作为这个工作的具体负责人，自身的工作态度、工作能力、工作方法与工作的成效也有很大的关联性。实践中，我主要把握几点：一是严格执行请示报告制度，心理健康重大事项都按照规定提交班子会议研究决定。工委做出决策后，能坚决抓好落实。二是注重调查研究，坚持从实际出发，根据省直机关心理健康工作现状，采用可操作性的方案。不走过场，不搞形式主义，力求工作实效。三是善于听取专家和基层党组织意见，不断完善工作思路。遇事能多与同事商量，能经常与同事谈心谈话，听取工作建议，注意集中大家的智慧。四是做好协调，加强执行力，营造民主、团结、干事的氛围。五是能以积极进取的心态对待工作。工作上以身作则，与同事一起努力解决心理健康活动中出现的一个个困难和问题。

【案例点评】

有效的沟通协调是做领导干部成事的基础。案例中，作者一是注重上行沟通。通过多种途径多次向省委省政府领导汇报，取得领导重视和支持。二是注重平行沟通。心理健康行动是大家的事情，与工青妇等群团组织、与省直各厅局和社会企业都加强了合作与联系，形成密切配合、齐抓共管的工作格局。三是注重下行沟通。依托心理健康工作联络员、心理健康服务工作骨干等队伍，推动工作取得了实实在在的成效。

从保护抗战遗址看领导协调艺术

中共重庆市沙坪坝区委统战部　魏小红

【案例描述】

一、案例背景和主要难题

重庆作为抗战时期的陪都，在中国统一战线发展史上写下浓墨重彩的一笔，留下的众多统一战线遗址成为这段历史的重要见证。沙坪坝区作为重庆的母城之一，是战时首都的核心区，融巴渝文化、沙磁文化、抗战文化、红岩文化于一炉，是红岩精神的重要发祥地，有渣滓洞、白公馆、重庆谈判旧址等驰名中外的革命遗迹。

近年来，重庆市大力推进“重庆中国抗战大后方历史文化建设工程”，加强对抗战文化的挖掘、保护、传承等，开展了大量工作。经调查，全市共有抗战遗址767处，现存395处。为此，重庆市成立了重庆市抗战遗址保护利用工作协调小组，编制完成《重庆抗战遗址保护利用总体规划》，对全市尚未定级的182处抗战遗址统一挂牌保护。如期完成120处重要遗址抢救维修任务，维修总面积达189461平方米，总投资达22216万元。

虽然做了很多工作，但是不少遗址因为自然因素和人为因素而损毁严重，原来俯拾即是、后来散存民间的抗战遗物，也随着时间的推移正在消亡之中。如何保护利用好众多统战资源，成为统一战线的一项重要工作。

2013年年初，我接到市委统战部批转的一封信，是抗战画家张善孖后人提交的《关于张善孖及其墓冢情况的报告》。报告中提到近代著名国画家张善孖墓年久失修，呼吁有关部门进行抢救性修缮。通过查阅资料得知，张善孖是张大千二哥，善画山水、花卉、走兽，尤精画虎，在中国画坛享有“虎痴”盛誉。他早年投身革命，在日本加入孙中山建立的中国同盟会，为四川最早的中国同盟会会员之一，与廖仲恺、何香凝、于右任、张群等有交谊。1926 年，他弃政成为职业画家，与张大千共创“大风堂画派”。他被誉为“中国真正的爱国大画家”“第四战线——国民外交的斗士”。国民政府为之颁发褒扬令，为画家享有此殊荣第一人和唯一一人。1940 年 10 月，张善孖因积劳成疾病故于重庆，安葬于沙坪坝歌乐山。

为切实摸准情况，我叫上统战、文广、林业等部门及所在地歌乐山镇的相关同志，对张善孖墓进行了实地察看。张善孖墓位于沙坪坝区歌乐山镇歌乐山林场一处坡地，总占地面积 132.7 平方米，墓冢为一座圆形石砌墓，长 4.9 米、宽 2.6 米、高 1.8 米，墓前壁镶嵌有张大千亲笔所题墓碑一块，具有较高的历史、文物价值和现实的宣传教育意义。但是由于墓地地处歌乐山林场腹地，人迹罕至，年久失修，造成墓地本体损毁严重，墓地周边环境杂乱不堪，墓冢上杂草丛生，并长出碗口粗的树木，造成墓冢开裂，严重影响安全。墓冢地处坡地，地质结构极不稳固，随时有滑坡塌方的危险。墓地周围步道、梯坎为简易土路，杂草丛生，每遇雨天泥泞不堪。对于损毁严重的墓地抢救、修复和保护工作已迫在眉睫、刻不容缓。

二、主要对策

“必须马上抢修”，在现场我立即拍板。在阅读了大量历史遗迹保护的书籍以及张善孖先生的生平事迹后，我还上门拜访了文物专家、研究学者，也通过电话与张善孖先生的后人进行了交流，了解家属的意愿和想法。随之，我召集了张善孖墓抢救维修协调会，要求区委统战部牵头，区文广局制定保护方案，区林业局、歌乐山镇全力配合，做好相关协调工作。

经过多方协调，2013 年年底，重庆市江津区建筑勘察设计院现场勘测后，完成了张善孖墓地及林间道路修缮工程施工设计图及预算造价。但是问题又接踵而至，由于张善孖墓之前没有被纳入到遗址遗迹的保护规划中，而区级财政经费有限，短时间内难以筹措大量资金，保护方案编制及施工预算完成后，要如何才能尽快争取到资金动工呢？

一个念头跃入我的脑海，“必须积极协调和争取市级部门的关注和支持”。要积极说服市级部门，争取将张善孖墓修缮工作纳入市级项目的盘子，解燃眉之急。接下来的半个多月，我带着统战部、文广局的同志，多次到市委统战部、市文物局汇报工作，邀请他们来区实地察看。经过积极争取，张善孖墓修缮工作纳入了全市抗战遗址工程，并获得修缮资金 150 余万元。

在启动张善孖墓修缮工作的同时，我就思考一个问题：沙坪坝是全市统战资源相对丰富的区域，历史上，毛泽东、周恩来等中央领导都曾在此地领导开展工作，多个民主党派在此发源壮大，许多历史名人也在此工作生活过，存有冯玉祥旧居、林园、津南村等统战名迹旧址多处。虽然这些年已经陆续做了一些保护工作，但是否还有另外的“张善孖墓”呢？必须举一反三，对沙坪坝区当前的统战历史资源进行一个总体梳理，制订系统的保护利用方案。

在我的主导和推动下，我区全面梳理了统一战线资源的“家底”，主要分布在歌乐山、林园、山洞、沙磁四个片区及老成渝公路沿线。通过多次向老领导、专家学者请教，积极借鉴外地经验，并立足区域特点，提出“区片联建”模式，即重点探索把沙区的文化资源优势转变为文化产业优势，突破管理体制的障碍，突破运行模式的制约，把统一战线资源保护好利用好，给后人留下一份生动而长久的历史教材。为此，我们做了以下具体工作。

（一）提档升级打造精品

将我区已有抗战教育博物馆、冯玉祥旧居、张治中旧居等旧址采取“市区共建、市级指导、区委牵头、区府落实”的模式，近年来，市区共投入经费近2000万元，在提档升级方面狠下功夫，从房屋外观打造、布展策划、藏品丰富等方面进行精雕细琢，特别是冯玉祥旧居新增设“冯玉祥与统一战线”内容。一批旧居旧址被命名为重庆市首批“海峡两岸交流基地”，其中冯玉祥旧居被命名为“重庆统一战线传统教育基地”。

（二）部门联动开展普查宣传工作

由区委统战部与区文广新局、区文管所合作开展统战文化资源普查工作，挖掘统战文化旧址三十余处。会同区委宣传部、区文广新局、区党史办、区地方志办公室等编辑出版《抗战时期重庆沙磁文化区档案史料选编》《沙磁文化》《沙坪坝文化地图》《重庆抗战遗址遗迹图文集》等，拍摄“重庆抗战史迹系列专题片”，邀请区党史办专家、民主党派专家抢救整理沙区统战珍贵史料。

（三）引导街镇整合统一战线历史遗迹

召集遗迹遗址较多的街镇主要领导座谈，要求将规划建设纳入街镇工作中。歌乐山镇新建了文化广场、重庆谈判陈列馆、水利委员会还都纪念碑等，山洞街道将辖区内遗址遗迹进行了资源整合、统一打造，歌乐山—山洞区域目前初步恢复了抗战时期“出将入相”的历史风貌。

（四）商洽驻区单位共同开发保护遗址遗迹

林园中有中正楼、美龄楼、马歇尔公馆、林森公馆以及重庆谈判时毛泽东、周恩来、王若飞的下榻处，文物价值极其珍贵，但是多处建筑已经破败不堪，而且属于军事管制地区。我们主动联系解放军通信学院，双方多次协商洽谈，对校园内的统一战线遗址遗迹及珍贵文物整合梳理，并制订修缮方案。经过双方努力，得到了中央军委等上级部门支持，并获得专项经费，拟近期启动林园内的遗址修复工作。

三、主要成效

我们采取“区片联建”模式加强统一战线历史遗迹保护工作，加强了区委统战部与各区级部门、各街镇、驻区部队、院校和社会单位协调联动，整合各种文化资源和部门工作优势，开展广泛合作，形成了齐抓共管的良好局面。

一大批统一战线珍贵历史遗迹得以保存，旧址旧居的对外开放提升了我区的文化形象和城市品位，初步建立了以抗战名人旧居为核心的博物馆群落，打造以名人旧居群为核心的统战文化景观带，延伸了城市文化脉络。

郭沫若旧居、张治中旧居签约“红岩联线”，近年来接待党外人士、游客20余万人，扩大了统一战线历史教育面，统一战线凝聚力和影响力不断扩大。此项工作得到了上级有关部门的高度肯定。

【案例反思】

加强统一战线历史遗迹的保护与开发，保护好珍贵的文化遗产资源，对于研究挖掘统战资源、宣传弘扬统战文化具有重要意义。如何做好这项工作，如何发挥领导魅力，促进全区大统战工作格局形成及促进统战文化的建设，是值得思索的。

（一）把握全局是首要的领导能力

兵法云：“自古不谋万世者，不足谋一时；不谋全局者，不足谋一域。”领导者看待处理问题善于从全局着眼，以大局为重，有系统、整体的观点，才能把一切重大因素统一起来考虑，把发展过程的各个阶段衔接起来看待，把握住所从事工作的纵横经纬、层次方位，瞻前顾后，念及左邻右舍。遗址遗迹保护不单是统一战线的工作，而是要放到全区的工作格局中来考虑。歌乐—中梁正在规划打造“西部国际慢城”，完全可以尝试把歌乐山的历史遗迹保护与慢城开发有机结合起来，整合资源，借力使力；主动寻求机会促成山洞沿线以及大学城片区与“红岩联线”签约，扩大影响力。

（二）思路创新是核心的领导能力

领导是一个部门、一个地方承上启下的关键，履行岗位职责，必须创新加实干。在“万众创业、大众创新、草根创富”的时代，比勤奋更重要的是理念、眼界和勇气，坚持理念的创新才能打破惯性思维。经费投入不足是目前全市普遍存在的问题，市级层面抗战文化建设资金每年约3200万元，按此标准估算，需要五十余年才能完成全市抗战遗址的修复工作。因此，除了在公共财政中建立抗战遗址专项资金投入的正常增长机制，还可以考虑引入社会资金参与文物遗址的保护利用，走出一条国家、企业、社会共同投资、共同获益的新路。

（三）真情感召是本源的领导能力

要用真情感染人，从内心深处尊重、信任、理解和关心干部群众，通过说服、示范和人格魅力来影响周围的人。只有当领导者得到下属的认同、赢得共识后，领导者的决策、交给的任务、布置的工作，才能内化为下属的意愿，并为之努力奋斗、积极工作、无私奉献。在部分干部群众中保护意识不到位，认为抗战遗址保护属于公益事业，是文物保护部门的事情，甚至有些人把抗战文化视为国民党政权历史文化，认为是不值一提的陈年旧事。通过我们的努力，开展多种形式宣传，使各级干部群众认识到，抢救、修复、保护有价值的抗战遗址，体现的是中华民族热爱和平、团结御敌、救国图强的民族精神，形成全社会共同关心、支持抗战遗址保护的局面。

（四）协调沟通是必备的领导能力

人心是最大的政治，沟通是永恒的主题。任何工作都是由众人完成的，都是领导者和众人齐心协力的结果，都是集思广益才能成就的。著名人际关系学家卡耐基说：“一个职业人士的成功因素75%靠沟通，25%靠天才和能力。”历史遗迹的保护涉及文化、公安、建设、规划等多个部门，统一战线的方方面面工作都涉及多个部门，沟通和协调尤其重要。很多矛盾是由于沟通不畅造成的，信息意见传递迅速，彼此联系密切，相互了解、理解，矛盾就少，即使产生了矛盾，及时沟通，摩擦也容易解决，发生了误会也易于消除。协调不是强迫命令，而是感情与信息的交流，上下级之间产生的矛盾、摩擦、误会、隔阂，作为上级要主动与下级沟通联系，诚恳地解决矛盾、统一思想。

【案例点评】

人心是最大的政治，沟通协调是永恒的主题。沟通协调是一个组织顺畅运转、推动工作有效开展的重要纽带和润滑剂。案例作者面对保护抗战遗址这一任务，探索采用“区片联建”模式，加强了区委统战部与各区级部门、各街镇、驻区部队、院校和社会单位协调联动，整合各种文化资源和部门工作优势，开展广泛合作，形成了齐抓共管的良好局面。

任何工作都是由众人完成的，都是领导者和众人齐心协力的结果，都要集思广益才能成就。从宏观上讲，领导协调要统一目标与认识、统一资源与行为；从微观上讲，领导协调要善于协调矛盾、善于协调人际关系、善于协调上下级的关系等。

舆情管理

案例一

有效引导“静安别墅”舆情风波

中共上海市静安区委宣传部　杭春芳

【案例描述】

（一）案例背景

静安别墅是上海市中心区域最大的里弄住宅群，因为紧邻南京西路商业商务区，近年来，“静安别墅”内开设了不少无证无照酒吧、奶茶铺、餐饮店、书吧、影视厅等。由于静安别墅特有的历史文化底蕴，加之店主的精心设计装饰，这些开在弄堂里的小店充满了小资情调和老上海风情，被周边白领、游客所称道，一度成为时尚杂志、消费导刊推崇的上海最小资的处所。然而另一方面，随着静安别墅知名度的提升，这些无证经营户的经营行为却严重改变了房屋的居住形态，不仅于法无据，而且给居民生活、公共安全带来诸多负面影响。

从 2011 年起，有关部门曾多次进行清理，然而每次清理总会招来本市媒体的关注和很多自媒体的声讨，甚至有人大代表、政协委员公开支持静安别墅的“华丽转身”，呼吁政府保护这种新型业态（静安别墅内的餐饮店的确也成为全区白领午餐网点的有益补充，为周边商务楼宇中的白领提供了更多的午餐选择）。这些舆论客观上影响了政府整治的彻底性，也为无证经营行为壮了胆，导致整治成果屡屡出现“回潮”，居民不堪其扰，无证经营户继续我行我素。

一面是有居民不断上访，要求整治（而且在 2011 年静安别墅还曾经因电线老化发生一起火灾，所幸没有人员伤亡）；一面是舆论的支持，要求保留。这个于法无据且存在安全隐患的“文化新地标”到底该不该继续存在，如何才能彻底清除，成为摆在执政者面前的一道难题。

（二）舆情研判

2013 年年初，根据领导部署，区委宣传部专题研究静安别墅舆情，并制作评估报告。我们汇总整理了 2011 年、2012 年、2013 年的相关舆情，提出几个观点。

一是主流媒体报道并非一边倒地支持保留，在后续整治中主流媒体及其附属新媒体是我们最重要的发声平台。如 2011 年 11 月 23 日，《东方早报》A5 版曾刊登报道《静安别墅或将清理“黑户”商铺》，就从居民、商户及商铺管理的角度汇集了多方的客观意见，也提到有老年居民对商户增长带来的居住环境日益嘈杂的变化感到不满，商铺的明火问题、线路老化等问题的确存在安全隐患。

二是引导网络民意的走向，我们需要争取中间派。大量发布静安别墅景观图片的微博，不应统统理解为支持保留。因为部分博主只是欣赏这些弄堂店铺的小资情调，一旦有人在跟评中讲到这是无证经营、存在火灾及其他安全隐患，他们便表示“这是社会治理的难题”，他们实际上是中立的人群，并不反对整治，是在后续整治中需要争取、可以争取的中间派。

三是强烈要求保留的网民中，有一大部分是媒体从业人员，与违章经营有千丝万缕的联系，要让他们彻底了解政府整治的决心，放弃舆论造势。据了解，有部分无证经营者本人就是媒体人，或其亲属、朋友在媒体工作，曾经引起较大反响的“救救静安别墅”“丝袜奶茶要被赶出静安别墅了”等类似内容的微博账号，均与媒体有关。因此，如果他们明白政府整治的决心，放弃无理的抗争，将有效减轻整治舆论压力。

四是政府连续数次的整治，已经为彻底整治打下了基础，特别是两会期间通过主流媒体释放的有利于整治的言论已经为此次整治做了一定的舆论准备，此次整治的舆论可控。2 月 2 日，相关媒体刊登报道《上海老弄堂如何保护》，人大代表王中斌认为由于房屋性质存在区别，“田子坊”模式无法在静安别墅复制，静安区委书记龚德庆表示“在弄堂里开店或许能满足一部分人的需要，但如果违背了基本规则而不加控制，会带来很多想象不到的风险，对居民更不公允”。

（三）舆论引导

经过周密筹备，5 月中旬，静安别墅无证无照经营整治工作成员单位联席会议召开，会议明确提出，要贯彻党的依法治国、依法行政方针，对静安别墅无证无照经营问题“依法治理、依法取缔”。各部门要各司其职、加强协同，全面清除静安别墅无证无照经营活动，清除违章改建、搭建，拆除违法设置的广告、店招，控制人员、车辆出入，排查并杜绝安全隐患，彻底恢复小区居住功能。会上，区政府还与各成员单位签订了责任书。

作为联席会议成员单位，区委宣传部的主要职责是做好舆论引导。我们根据整个整治工作计划，专门研究制订工作方案。舆论引导工作确定了三大原则：一是主动发布，以我为主；二是一口对外，有序采访；三是密切监测，全程跟进。

6 月 1 日，静安区召开本市主流媒体通气会，相关部门介绍此次整治工作的目标和相关工作部署，阐明政府立场。次日，《解放日报》《文汇报》《新民晚报》《东方卫视》《新闻晚报》《新闻晨报》《劳动报》《青年报》《上海商报》《天天新报》等媒体及其附属新媒体均以通气会通报结果为主要内容，阐述了静安别墅内的无证经营商铺给小区居民带来了安全问题，通报了工商局对于该类商铺非法经营的定论（由于房屋属居住用房，所以不可能发放营业执照）。媒体也提及了静安区政府“恢复历史建筑群原貌不动摇，坚决取缔无证无照的经营商户”的整治理念和决心。

6 月 1 日起，《静安时报》、静安有线电视台分别开设专栏、专版，开展政策法规宣传，报道整治进展。区工商分局分管领导走进演播室，与居民面对面，讲解政府立场和整治的决心。

同时，区新闻办展开 24 小时舆情监测，并发动网评员队伍针对网络上的各种舆论进行引导，主要阐明安全是一切工作的底线，依法合规是一切工作应遵循的原则。在弄堂里开店或许能满足一部分人的需要，但如果违背了基本规则而不加控制，则会带来很多想象不到的风险，对居民更不公允。

针对整治过程中个别媒体的采访需求，我们确定由区工商分局分管副局长作为联合整治行动新闻发言人，一口对外，接受媒体采访，确保了对外口径的一致性、连贯性。

据监测数据分析，整个舆情经历了爆发期、震荡期、衰减期。新闻平台在 6 月初的主动发布和 9 月底的集中整治收尾阶段形成了两个小高潮，微博平台的舆情发展也契合整治工作的推进进展，在主流媒体权威发布和解读下，在网评力量的引导下，微博平台的各种意见交锋也发生了戏剧性的变化，由反对意见占多数演变为中立及支持意见占多数，整治工作赢得了较多网民的支持。综合分析 2013 年 6 月—12 月的舆情态度，我们看到，简单转发报道的占最大比重，为 42%；认可政府对静安别墅进行整治的次之，占 26%；分享观游体验和照片的列第三，占 20%；反对整治，认为该行为破坏了上海人文情怀的最少，占 12%。

在各方共同努力下，整治行动取得了较大的成功，全部 84 家无证无照经营户或自行搬离或被联合执法，历经一年多没有回潮。静安别墅重新回归平静。

【案例反思】

我于2006年年底从街道书记调任宣传部长。我在宣传部工作的这九年，是互联网信息技术迅猛发展的九年，也是宣传工作理念深刻转变，宣传阵地、手段发生翻天覆地变化的九年。

在这九年中，我们从对舆情工作知之不多到逐渐认知，到建立完善的舆情收研处机制，配备专人开展24小时涉静安正、负面舆情收集，确保负面、突发舆情的快速发现、科学研判和妥善处置，为静安各项工作开展提供了重要保障。

（一）良好的实体处置，是做好舆论引导工作的基础

实体工作的依法合规，是我们做好舆论引导的最大底气。在此次整治中，区委、区政府按照执法联动机制要求，工商牵头，城管、食药监等十余个执法部门密切配合。在推进过程中，多部门分工明确、各司其职，严格按照法律法规办事，坚守法律底线，对违法行为“零容忍”。整治开始前，80多名工作人员全部参加了为期两天的培训，了解整治方案细节，明确法定权力；整治中严格依法开展清理，工作人员依法履职，不畏难、不退缩。这种充满正义力量、有底气的工作状态，让违法经营户也看出政府这次是“动真格”了，绝大多数非法经营户都在执法前自觉关停，最后采取执法措施的仅有12家经营户。整个整治过程中，上级主管部门未接到一起因执法不规范而导致的群众投诉。曾经有《东方早报》《新闻晨报》、上海电视台、看看新闻网等媒体记者以及一些民众携带摄像或摄影设备到静安别墅整治现场，希望能拍到“火爆”镜头，但均未能如愿。

在前期细致摸底调查的基础上，相关部门针对部分家庭困难户的实际情况（如弄堂小馄饨经营者，已经连续经营了二十多年，一家人没有其他经济来源，摊位被清理后，全家面临生活无着的问题），在坚决整治的同时，也出台了很多人性化的措施，如积极协调，帮助部分经营户联系合法经营场地，尽可能疏导其迁出静安别墅；如落实托底保障，解决因整治工作推进带来的群众家庭生活困难问题等。针对整治工作推进中出现的新情况、新难点，及时启动维稳方案、应急预案，做好疏导维稳工作。整个整治过程平稳有序，未出现严重干扰阻挠执法事件。我们为可能出现的暴力抗法事件所制订的新闻应对预案也没有实施。

（二）全面客观的舆情研判，是政府科学决策的重要支撑

静安别墅的治理难点主要在于三类矛盾：一是大多数小区居民安居生活与少数群体违法经营之间的矛盾，二是商务区周边有限的商业网点与特定的“白领小资”

需求之间的矛盾，三是依法合规自由发展与唯利是图无序竞争之间的理念矛盾。在多种利益诉求面前，其舆论环境必然是错综复杂的。表面上，我们看到的大多数意见都是反对整治，但我们必须对这些声音进行更加细致的分析，从错综复杂的信息中分析出真正的民意。我们也要考虑民众既包括网络使用者、积极发声网民，也包括非网络使用者、沉默网民的实际情况，对可见网络民意进行修正，并结合线下的现实情况判断这些意见对于整治工作可能造成的影响，以及舆论的可把控度。在本案例中，我们的舆情研判评估报告客观上在促使领导下定决心进行整治上推了一把，成了领导决策的重要参考依据之一。

（三）提前介入，全程跟进，是舆论引导获得成功的必然要求

在确定要对静安别墅进行整治的决策之后，区新闻办即被纳入联席会议成员单位，参与各项行动方案的制订和讨论，全面了解整治行动的各项细节。区工商分局作为联席会议办公室牵头单位，积极配合区新闻办制订各项新闻应对工作口径，及时提供整治一线的信息，确保区新闻办能有针对性地主动喂料、发布权威信息、引导媒体舆论。主动发布，以我为主的发布，让我们占领了舆论的制高点，在保障静安别墅居民的居住权益、维护小区的安全底线、依法整治无证无照经营商铺的强势舆论面前，各种反对的声音逐渐衰弱。自整治工作启动起，在提供给区领导的《每日舆情专报》中，增设“静安别墅整治”栏目，及时全面地向区领导和联合整治工作组报告相关媒体和网络舆情信息，为领导决策提供支持，为一线人员及时调整工作方案和策略提供支持，确保整治工作始终在社会舆论中稳步推进，保持正确的方向。

【案例点评】

当今社会，媒体资源已成为执政资源的有机组成部分，媒体资源使用得当，工作往往事半功倍，因此必须增强舆论引导力。

案例作者以实际工作案例为例，有力地说明，成功的舆情引导一要靠实际工作，日常工作做细做早是基础；二要靠舆情研判，对可见网络民意进行修正，并结合线下的现实情况判断这些意见对于整治工作可能造成的影响，以及舆论的可把控度；三要有效引导，及时提供整治一线的信息，确保区新闻办能有针对性地主动喂料、发布权威信息、从而引导媒体舆论。

临沂大气污染防治网上舆情应对

中共山东省临沂市委宣传部　林国华

【案例描述】

一、相关背景

2013年以来，中国发生大范围持续雾霾天气。据统计，受影响雾霾区域面积约占国土面积的1/4，受影响人口约6亿人。和全国情况差不多，临沂的城市空气质量指数排行也不乐观，对此群众反响比较强烈。2015年3月，临沂市委、市政府顺应人民群众期盼，严格落实环保部新要求，对大气污染“零容忍”，向大气污染宣战，为了沂蒙的蓝天和人民的健康，市政府对57家企业依法实施停产治理，对412家企业依法实施限产限期治理，得到了群众的广泛支持，也引发了媒体的高度关注。

7月2日10时36分，澎湃新闻网首页“绿政公署”栏目登载见习记者孙利荣的报道《临沂治污急转弯：环保约谈后关停57家企业，引千亿债务危机》；《南方周末》、中央电视台新闻频道《新闻1+1》栏目随后对临沂大气污染防治工作进行了报道。一天之内，三家重量级媒体对临沂集中报道，吸引了全国媒体和网友的广泛关注，一时间，将临沂推向了舆论的风口浪尖。

二、舆情处置

（一）及时监测

7月2日上午，监测到该舆情后，市网信办第一时间编发《舆情快报》上报市领导，市委宣传部联系市环保局通报相关舆情，拿出新闻通稿回应相关问题。同时，立即启动网络舆情应急预案，密切关注网上舆情动态，对网上通稿转发情况、新增评论文章等舆情动向实时追踪，共报送网上相关舆情信息150余条，为领导决策提供了重要依据。

（二）及时发声

7月2日晚，协调环保局等部门撰写新闻通稿《山东临沂：发挥环保倒逼作用　促进经济健康发展》，7月3日上午新华网刊发，中央、省市级网站进行了转发。人民网、中国网、中新网、新浪、搜狐、腾讯、和讯、大众网、齐鲁网、鲁网、琅琊网等网站转载新闻通稿80余次，网民渐渐由质疑转向支持临沂市大气污染防治。

（三）及时引导

1. 组织市网评员进行引导。全市网评员在各大网站、论坛、微博、微信等阵地，以普通网民的身份，发表引导帖文5300余条，转发新闻通稿500余条，有效地引导了网上舆论走向。同时市网信办组织特约网评员撰写了12篇高质量评论文章并在省市内各大网站推发。如《给力治污决不让沂蒙精神蒙尘》《大气污染防治是维护最广大人民群众的利益》《有一种为民担当叫“临沂蓝”》《临沂：蓝天白云提高市民幸福感》《既然同呼吸　就要共奋斗》等。

2. 协调省内媒体声援。邀请省内网站如大众网、齐鲁网等网站的特约网评员撰写《戴上依法和为民的“眼镜”看待临沂治污》《临沂停产治理57家重点企业是一种担当》《红色沂蒙没有蓝天碧水，何来幸福生活?》等多篇高质量原创评论文章在省市内各大网站推发，赢取了网友对大气污染防治的理解和支持。

3. 组织市内媒体发声支持。组织《临沂日报》《沂蒙晚报》《鲁南商报》、琅琊新闻网等官方微博和微信公众号推出了一批影响力大、传播度高的原创文章，如《为了沂蒙的蓝天和人民的健康——大气污染防治的“临沂答卷”》《为沂蒙人民留住蓝天白云》《为了千万人民的幸福安康》《环保部公号力挺临沂治污！请别再“旁观者清”地来戳我们临沂这场环保大战的痛》，市民反响强烈，纷纷为市委市政府加油点赞。

4. 积极沟通协调来访媒体。7月2日下午，中央电视台《焦点访谈》栏目组来临沂市采访报道，栏目组采访了罗庄区四家关停企业、周边村民和统计局相关人员，随后又专访了临沂市长张术平。栏目组对临沂市大气污染防治的各项举措给予了充分认可。期间，《人民日报》《光明日报》《中国日报》、东方卫视等媒体来函来电来人，要求深入采访报道，我们对来电、来函媒体及时做好沟通解释工作，对来访人员做好热情接待，配合做好采访。

三、应对成效

自7月2日起，环保部微信公众号“微言环保”登载报道《临沂之痛》，指出：“今天的临沂，是很多历史欠账严重的城市经济转型时期的一个缩影。转型虽痛，历史欠账总是要还的。”《人民日报》登载评论文章《化解好环保风暴的“连锁反应”》报道指出：“临沂强刹污染之风的态度，还是应该肯定。”新华社发表《环保部：临沂大气污染综合整治取得扎实成效》报道指出：“临沂大气污染综合整治取得了扎实成效，企业环境违法行为已得到有效遏制，一些历史遗留问题逐步得到解决，环境质量明显改善。”《法制日报》发表《对违法企业不能惯养必须严惩》指出：“为何临沂市的个别企业‘又哭又闹又威胁?’很大一部分原因在于以往环保执法过于‘温柔’，长期以来形成的环保执法失之于宽、失之于严，惯坏了违法企业。”《京华时报》文章《临沂治污何以遭遇理想与现实的碰撞》认为：“临沂以刚性措施治污，敢于动真格，敢于承担责任，敢于改变传统政绩观的勇气和决心值得赞扬。”《新京报》登载报道《临沂“治污风暴”并非“大跃进”》反映：“有人认为临沂市治污下手太重，是环保大跃进，但实际上，这不过政府依法行政而已。任何一个地方治污，如果不像临沂一样破釜沉舟，恐怕永远难以树立环保法制的权威。”

经检索，以上新闻报道、评论共被凤凰、腾讯、新浪、搜狐、环球网、国际在线、中国网、中华网、东方网等80多家网站转载。至7月6日，近四天的时间里，“临沂治污”相关报道与评论成为网络热点，搜索网页达406000条。网民言论交锋激烈，由质疑转向了支持，纷纷为临沂市大气污染防治的举措点赞，迅速扭转了舆情被动局面。

当7月2日质疑性的报道铺天盖地席卷而来时，一些网友也跟风发表了质疑性的观点。然而环保部以翔实数据多番力挺临沂做法，更多的媒体从口诛笔伐转为加油力挺，很快支持临沂的观点在网络上成为主流。

网友“政能量”说：政府为了蓝天白云，关停重污企业，这是壮士断腕一样的勇气和魄力啊，这样的政府是沂蒙人民之大幸。

网友“拓荒牛”说：有人认为临沂治污政府下手太重，是环保大跃进，但实际上，这不过政府依法行政而已。以往各地治污总是缩手缩脚，无非总是担心，一旦严格治污就会影响税收和就业，而有些污染企业也正是因此有恃无恐。

网友“什么都不怕”说：革命战争年代，沂蒙人民用10万壮士血洒疆场的代价换来祖国的解放；今天，沂蒙人民用身先士卒的精神，为全国做了一个治污的“临沂样本”，还沂蒙一片晴空，也还全国一片蓝天。

网友“学习者”说：期待更多地方能像临沂一样，一改以往环保执法过松过软的惯例，以铁腕治污，让最严《环保法》真正落地。

网友“琅琊王”说：身为临沂人，真心支持市委市政府治理污染。健康是用多少金钱也换不来的，治污是市委市政府为百姓做得最大的实事好事之一！

【案例反思】

一、及时回应，敢于应对

最好的舆论引导就是及时准确地做好正面回应。发生舆情事件后，要及时发声，第一时间发布相关信息，回应社会质疑，并随时通告事件进展，抢占舆论话语制高点。此次临沂大气污染防治受到全国媒体和网友关注后，市网信办于当晚及时协调环保局等部门撰写新闻通稿《山东临沂：发挥环保倒逼作用促进经济健康发展》，于次日在新华网发布，并联系中央、省市级网站进行转发，及时表明了官方的立场和态度，赢得了网友的理解和支持。随着互联网的快速发展，“主动回应网上关切、主动处理现实矛盾和问题”应该成为各级党委政府部门的共识。

二、善于发声，发挥合力

针对网上对临沂市的片面报道，我们凝聚力量，主动出击，精心组织了舆论“反击战”：一方面，邀请省级新闻媒体撰写评论文章声援；另一方面，组织市级媒体利用“二微一端”积极发声，积极利用全市网评员转帖、跟帖，加强网上舆论引导。网上舆论由最初的被动到相持，很快转为主动，网上舆论生态得到极大改善，支持市委市政府治理大气污染的举措已成为网上主流意见。由此可见，一场有效的舆论应对，应该是由多个层面共同出击，发挥合力，才能形成有效的“攻势”，进而取得决定性的胜利。

三、合理引导，群众认同

临沂大气污染防治之所以能够取得舆论反转，除了有效的舆论引导，还在于大气污染是全民之痛，污染企业本身就应该依法受到制裁，市委市政府治理污染利国利民，占据了道德的制高点。临沂市在回应时，充分利用了这一优势，反复强调治污的出发点和成效，一举赢得了群众、媒体、环保部门的认同。

四、精准发力，釜底抽薪

实践证明，95%的网络舆情都是现实矛盾在网上的集中反映，舆情事件一经爆发，就要网上引导与网下处置相结合，这是应对舆情危机的治本之策。此次舆情事件中，批评性报道都是集中在强行关停企业导致大量人员失业，引起社会动荡。因此在舆论引导中，要找准这个关键点，在回应时呈现“帮扶污染企业转型升级”“成立金融领导小组应对债务危机”“失业工人逐渐减少”等，展现了政府的担当。

五、总结经验，举一反三

这次大气污染防治攻坚战，临沂市之所以在短时间内取得了明显成效，关键在于开展此项工作时已进行了社会稳定风险评估，制订了预案，并且在市内媒体开展了广泛的新闻宣传，顺应了人民群众“盼环保”的新期待，所以澎湃新闻网等媒体刊发临沂大气污染防治工作报道后，市内舆论平稳，全市上下理解支持，进而赢得了全社会的认可。这启示我们，政府在重大决策出台及实施之前，舆论先行应成为共识。要举一反三，知群众之所想，解群众之所急，始终把群众满意不满意作为工作的出发点和落脚点，针对群众的关切开展必要的社会稳定风险评估，并进行网络舆情研判，制订预案。此外，还应该加强正面宣传报道，营造群众理解支持的舆论氛围，以便开展后续工作。

【案例点评】

如何应对网络舆情，是新常态下每一位领导干部都应当正视的领导力命题。俗话说，知己知彼，百战百胜。了解网络，理解媒体，修炼媒介素养，这是网络应对能力提升的重要前提。

案例说明，政府在重大决策出台及实施之前，舆论先行应成为共识。一场有效的舆论应对，应该是多个层面的共同出击，发挥合力，才能形成有效的“攻势”。网上引导与网下处置相结合，这是应对舆情危机的治本之策。

总之，面对网络媒体的大趋势，最高超的做法不是被动应对，而应积极拥抱、主动介入、超前引导。

黑河“特供酒”舆情风暴如何平息

中共黑龙江省黑河市纪委　于凤荣

【案例描述】

一、案例背景和主要难题

2013年9月28日早7时，中国广播网（中国之声《新闻纵横》）刊登了《上有禁令下有对策　黑龙江黑河“特供酒”变“内参酒”》的新闻，曝光黑河“鹿源春”酒厂生产多种特供酒，黑河市个别单位违规购买和收受“特供酒”“内参酒”问题。一时间，网上主流媒体纷纷转载跟进，网上点击量、负面评论不断增加，形成突发性舆情事件。

当天一上班，市纪委负责舆情的同志就向我汇报了此事。正在我们部署调查的时候，省委领导做出严厉指示，要求彻查。由于中央“八项规定”出台不到一年就出现这种违反规定情况，又产生了较大的负面影响，黑河市面临着很大的压力。

当时我由宣传部长转任纪委书记还不到两年，纪委工作生涯中第一次面临较为复杂的局面，如果处理不当，很可能使负面影响持续发酵，影响黑河市党委政府形象和纪检监察机关威信，进而影响到政治生态和社会稳定。

这时我面临的第一个难题是，我们纪委事先并没有接到任何举报，而我来黑河工作两年多，由于参加的应酬场合不多，也不知道有这个情况存在，所以很被动。怎么办？

第二个疑难问题：马上就要放假，如何在短短七天假期内完成调查和处理工作，并让调查结果经得起时间和历史的检验？如果这时启动调查，又会让很多相关人员假期无法休息，甚至打乱既定行程。

在调查中，涉及中省直机关和金融企业7家，本地私营企业1家，市直部门3家，涉及面广，有些又不是我们当地纪委的检查监察对象，有的并不怎么听招呼，有的觉得既然市政府要求支持地方酒厂发展，购买产品就是直接的支持，受到调查感觉冤枉，又影响了过节，有较强的抵触情绪，开展调查特别是涉及要处理人的时候遇到了一定的阻碍。这样我们就面临第三个疑难问题：如何化解上述矛盾，使大家统一思想认识，服从大局，从而使调查尽量顺利完成，把处理落实到位。

二、主要做法

向主要领导汇报时我建议，应集中各有关部门力量在国庆放假前查明基本事实，完成初步调查核实，及时向上级领导报告，迅速正面真实回应新闻媒体；再以此为依据，展开对相关责任人的后续调查，明确责任，及时处理，以平息事态。我的意见得到了主要领导的支持。

9月29日上午，经过昼夜连续不间断的工作，调查组初步核实了情况，并形成《关于“鹿源春”鹿业公司违规生产销售“特供酒”有关情况的报告》。初步查明，该公司共向6个企业和机关推销了有“特供酒”标识的白酒近七千箱，酒档次不高价格也比较便宜，购买单位出于支持地方企业的初衷购买，且除一家银行外，都是中央八项规定出台前订购。针对这种情况我们提出了进一步处置措施，经市委市政府研究后报省委省政府。

至此，事情的来龙去脉其实已基本清楚，下一步就是对购买单位和违规企业的处理，特别是对责任人的处理。我们认为应本着慎重的原则，应等国庆假期结束后再启动调查处理程序为宜。没有想到的是，9月30日即放假前一天下午，省纪委下达了案件督办函，要求黑河市纪委立即成立调查组进行调查处理，并将调查处理情况形成书面报告于上班第一天，即10月8日报省纪委有关部门。

时间紧迫，不容半点犹豫，必须采取超常规措施。这时我要求：一是马上通知市纪委有关案件检查人员、审理人员取消休假，全力投入此案件调查工作中。二是要求所有中省市直涉及单位领导和有关工作人员国庆假期不得外出，随时等待我们的问询和取证。这样保证了调查处理工作能在假期正常进行，为按时完成省纪委交办任务提供了保证。整个假期中我们开展了全面的调查工作。

我们采取了以下措施：

一是做细致的思想工作。重点放在各单位一把手身上，既要使他们认识到事情的严重性，又要使他们能认识到自己部门存在的问题以及造成的后果，把思想统一到黑河发展的大局上，勇于承担责任。

二是厘清责任，分类处理。既要严格执纪，又要从实际出发，不搞一刀切。有些单位是在“八项规定”出台前购买的，购销合同终止后未再订购，又用在公务用途，出发点又是支持地方企业，这种情况我们就给予较轻的处理；有的在中央“八项规定”和黑龙江省委“九项规定”出台后，特别是2013年3月国家严禁使用“特供”、“专供”等标识商品的通知下发后，仍购买所谓“内参酒”的，就要严肃处理；对监管部门分清责任时尤为复杂，当时还没有改革市场管理体制，工商、质检、商务等三家省市直部门职能交叉，责任不好界定，我们既把单位三定方案职能作为追责依据，又要根据实际工作中作用的大小明确责任。对于我们没有处分权限的海关、工商等单位，形成材料移交其上级主管部门处理。这样就在短时间内把问题调查清楚，把责任落实到了单位和人。

三、主要结果

省纪委调查督办组10月5日也来到黑河市，听取了我们的汇报，经过审查，也同意了我们的意见。这样在审理提前介入的基础上，市纪委对有处分权的市直部门4名领导给予了处分，省纪委将其他中省直部门3人交其上级主管部门给予了处分；对情节较为轻微的其他单位领导给予了批评教育、责令改正、诫勉谈话等处理。

这样我们就在省纪委规定的时间内完成了调查处理，并于10月8日向省纪委提交了处理报告。10月9日，黑龙江省纪委监察厅下发文件，对黑河市个别单位违规购买和收受“特供酒”“内参酒”问题的处理结果在全省进行了通报，7名相关责任人受到惩处。新闻媒体对这个结果进行了广泛报道，网上舆论反映基本正面，并逐渐消退，这一突发性舆情事件从发生到结束历时十天，经历调查、立案、处理多个环节，到此基本平息。

【案例反思】

事情已过去整整两年，但留给我的反思还没有结束，这件事对我个人领导能力的养成和提升起到一个催化剂的作用。对这一事件进行再回顾、再分析，得到以下四个方面的反思。

成功的方面：

反思之一：决策上较为果断，组织力有所展现。习近平总书记强调，要增强维护稳定的果断性，及时化解矛盾纠纷，妥善处理群体性事件。在这一突发事件中，我能在第一时间进行研究部署，及时决定在国庆假期期间展开调查，并向主要领导提出合理建议，展现了一定的政策力和组织力，抑制自己可能出现的软弱、犹豫等弱点，领导力得到了显著提升。

反思之二：分类处置厘清了责任，使处分较好落实。习近平总书记强调，领导干部要提高统筹兼顾的能力，善于运用唯物辩证法认识和处理问题。在这次事件中我没有搞“一刀切”，对涉及人员都一股脑给予处分，而是从实际出发，根据情况分类处置，处分了少数涉案情节较为严重的同志，教育了大多数情节轻微的同志，减少了抵触对立情绪，使调查处理工作能够顺利迅速进行，提升了统筹兼顾的能力。

反思之三：锻炼了队伍，了解了干部。习近平总书记强调，领导干部要提高知人善任的能力，善于发现人才，正确识别人才，科学评价人才，合理使用人才，把各方面优秀人才汇聚到党和国家事业中来。在这次事件中，我亲自组织纪委一批工作人员连续加班加点打了一个硬仗，既锻炼了办案队伍，又对干部的素质和特点有了深入的了解，对如何使用干部有了新的认识。同时也发现了我们这支队伍存在的年龄老化、专业性不强等问题。针对这一情况，两年来通过公开招考和选拔方式先后调入 13 名年轻干部和专业干部，平均年龄由 2013 年 45.6 岁下降到目前的 42 岁，财会、法律专业的达到了 56% 以上。由此自己也显著提升了干部使用和激励能力。

失败的方面：

反思之四：提前预判不足，没有把舆情控制在萌芽阶段。习近平总书记指出，要善于对各种可能出现的风险进行科学预判和超前准备，增强临机处置能力，化风险为机遇，化被动为主动。这点上我做得就很不够。2011 年 6 月“鹿源春”“特供酒”开始销售，而我当年 4 月到黑河工作，两年多的时间里对这一现象不知情，不能仅仅以客观原因解释，还是对政策不够敏感，主动出击意识不够造成的。这也反映了当时我作为领导，耳听八方、掌控信息方面还存在弱项，信息的搜集方式传统保守，跟不上时代步伐。

【案例点评】

领导力的养成与提升是一个不断发展与完善的过程。具体到舆情应对能力方面，案例给我们很好地说明了几点：第一，能否将舆情控制在萌芽阶段，是应对舆情的关键。要有主动出击意识，增强信息的搜集能力，提前进行研判。第二，线上处置和线下处置紧密联系。实际工作搞好了，负面舆论才会平息。

运用全媒体牢牢掌握话语领导权

中共甘肃省甘南藏族自治州委宣传部　扎西草

【案例描述】

一、案例背景和主要难题

甘南州是十个藏族自治州之一，有藏、汉、回、土、蒙等二十四个民族生活在这片土地上。这里自古以来是安多藏区的文化核心区，有“稳定西藏必先稳定安多”之说。所以，甘南在维护整个藏区稳定、促进藏区经济社会发展方面具有十分重要的战略地位，是境外敌对势力进行渗透和破坏活动的重点地区。其中借用非法安装的地面卫星接收设备进行“空中渗透”，利用互联网站和群组空间进行“网络渗透”，尤其近两年来利用移动端手机互联网进行“微传播渗透”，成为敌对势力与我争夺群众、争夺阵地、争夺人心的重要手段。

由于地处偏远少数民族地区，牧区地广人稀、农区山大沟深、气候条件限制等因素导致经济发展滞后、教育水平落后、信息化基础薄弱、传媒业态发展不充分等现实问题，如何从源头上、渠道上、终端上封堵境外敌对势力对我渗透，从而确保传播源头管控权，牢牢掌握网络空间话语权，切实传递正能量，成为摆在党委政府面前的重要课题。

借用非法安装的地面卫星接收设备进行“空中渗透”，是敌对势力对我进行渗透和破坏活动的一贯手段。

如何有效地一次性掐断这个源头让其不再反复？手机端移动网络空间的舆论引导和管控的难度在增大，如何进一步适应移动互联网背景下的涉藏舆论宣传工作新常态？为解决这些问题，我们从2013年1月开始，开展了为期三个月的“清理整顿非法卫星地面接收设施专项行动”。

二、主要做法

（一）加大宣传，营造良好社会舆论氛围

为确保清理整顿工作全面、有序、快速推进，要求各县市均成立了专项工作领导小组，下发了《甘南州开展清理整顿非法安装使用卫星地面接收设施专项行动的通知》，并多次召开专题会议，提出工作措施和要求，明确职责任务。同时，还建立了严格的问责制度，有效地推进工作的落实。根据对形势的研判与分析，我们对此次专项行动的范围进行了合理的界定，重点放在全州农牧村和宗教寺院。采取明察暗访的形式，以乡镇、村组干部为主，逐乡、逐村、逐户、逐寺进行摸底排查，逐一登记造册，为全面开展清理整顿行动提供了详细的基础数据。在专项行动过程中，利用广播、电视、报纸等多种媒体，通过散发传单、张贴通告、出动宣传车等多种形式广泛宣传国家对卫星地面接收设施管理的相关法律法规。特别是在州、县电视台滚动播放《关于清理整顿非法安装使用卫星接收设备的通告》，引导教育广大农牧民群众不安装、不使用非法卫星地面接收设施，不收看、不收听境外广播电视节目，为全州整治非法卫星地面接收设施工作营造了良好的社会舆论氛围。

由于工作措施得力，专项行动赢得了广大农牧民群众的支持和理解。比如拉卜楞寺等寺院30名僧侣主动交出了非法安装的地面卫星接收设备，为工作的深入推进起到了很好的示范带动作用。

此外，我们还分批次组织工商、文化市场执法人员，对全州非法制售企业和经营站点进行了地毯式的排查，依法取缔了各种非法销售站点，收缴了各类地面卫星接收设备，并通过签订责任书、承诺书、保证书等方式，强化源头管理，杜绝了销售渠道。

（二）解决实际问题

在此次专项行动中，我们对排查出的非法安装使用的地面卫星接收设备采取了“清一补一”的方式进行妥善处理，即：依法清缴一套，免费置换新“户户通”设备一套。与此同时，针对我州合作、碌曲、玛曲、夏河等四县市属牧区，牧民的流动性较大，随季节在夏季牧场、冬季牧场迁徙，固定安装的“户户通”设备解决不了农牧民群众随时收听、收看广播电视的客观需要的现实情况，我们坚持从实际出发，在冬季牧场安装了固定“户户通”设备，在夏季牧场配送了“便携式一体

机”，使问题得到了较好解决。

但是这笔资金怎么解决呢？我们采取省上争取一点、州上补助一点、各县市自筹一点的方式，较好地解决了设备购置安装的资金问题，有效保障了工作的顺利开展。在此次专项清理整顿工作中，省上对此高度重视，并给予了大力支持，在设备订购、安装调试、人员培训、资金保障等方面鼎力帮助，省委“反自焚专项斗争”工作组对此也予以高度赞誉。甘南州财政共投入资金 105 万元，出动执法人员 2800 多人次，聘请、培训安装人员 860 多人，共清理置换非法安装使用地面卫星接收设备 10540 套。活动赢得了群众的支持、僧侣的理解、社会的认可，从源头上有效遏制了西方反动势力对我的“空中渗透”，专项行动取得了显著实效。

（三）把握时代趋势

利用互联网站和群组空间对有网络覆盖的城乡群众生活区域进行“网络渗透”，成为近年来敌对势力与我争夺阵地、争夺人心的重要手段。为及时准确传递党和政府声音，反映农牧民群众心声，有效引导与甘南藏区密切相关的网络热点，正确引导舆论，挤压“网络渗透”空间，我们在整合原“拉卜楞网景”资源的基础上，于 2013 年 4 月组建了中国甘南网并开通运行。

建立之初，我们就对加强中国甘南网的建设发展管理提出了定位要求：树立战略眼光，以需求为导向，以应用促发展，建成真正参与国际反分裂斗争的重要涉藏网站；增强品牌意识和服务意识，更好地为全州经济社会跨越发展和长治久安提供信息服务；加强管理建设，树立正确舆论导向，确保安全健康运行。中国甘南网建立以后，承载了 Web 端对甘南新闻宣传、热点引导、文旅外宣、信息发布、便民服务等综合门户要求。与省外宣办（省网信办）相关处室形成工作沟通联席机制，借助有效监测设备和手段，发挥自身涉藏工作业务特点，在“3 · 14”节点和冬春维稳的热点舆论开展联合监测联合研判，监测封堵有害信息和研判清理网络谣言，加强了对涉藏有害信息和涉稳社会舆论的监控和处置应对。这些举措，拓展和壮大了甘南州宣传思想舆论阵地，放大了主流舆论，有效挤压了敌对势力通过网络对我进行的舆论渗透，为甘南州的稳定发展营造了良好的网络舆论氛围。

近两年来，随着移动互联网的大力发展，敌对势力利用移动端手机互联网进行“微传播渗透”，通过微信、微博、微视等微媒体与我争夺阵地，信息庞杂，落点精准，手段隐蔽，监管困难。2013 年起，我们主动适应移动互联网技术应用发展新常态，强化了移动端网络舆论阵地建设工作，积极引导为我所用的“微媒体”发展壮大，形成体系化的微传播矩阵和新媒体阵营。对于微媒体的发展，我们坚持“发展为先”的原则，主动亮出扶持态度，主动伸出帮扶之手，鼓励新媒体平台放手发展。在这样宽松的发展环境下，“微观迭部”“甘南头条”“甘南旅游”“掌上甘南”“甘南微生活”等一批微媒体发展起来，成了当地新闻和民生信息的集散地，被大量干部群众关注，汇聚了不少的用户，发挥了不小的影响力。

针对发展过程中出现的“两微新媒体一旦在内容导向上出了问题找谁、怎么办”的问题，我们在充分调研的基础上，及时调整新媒体发展引导思路，变“发展为先”为“边发展边管理”，同时拉出了一系列治理措施清单。比如，要求自办新媒体的单位部门必须制定内容采编发布规范和网络突发事件应急管控制度，严格实施开办备案和账号密码安全管理，落实值班制度和维护人员联络制度，关心新媒体人才队伍建设工作，引导兼职人员专职化，加强宣传文化系统干部职工新媒体素养培训，等等，消除了对于内容导向监管和网络安全防范的担忧。

2014 年年底，我们又与新华社甘肃分社签约建设了党政客户端甘南集群，这是落实中央和省上关于推进宣传思想工作创新、掌控新媒体舆论阵地总体要求而实施的宣传舆论领域的新的重大载体的建设工程，也是甘南州推动媒体融合发展、有效壮大主流宣传舆论阵地的重要成果。2015 年以来，“甘南头条”以其精准的定制化的信息推送，被越来越多的甘南藏区本地人在手机端安装应用，在其影响带动下，各县市也顺势而为，集体入驻“甘南头条”并申请开办了本地政务头条号，又一个全新的微媒体矩阵平台在甘南草原落地开花。回顾甘南州微媒体的发展历程，短短两年，从“微观迭部”微信公众号独此一家，到以“甘南头条”为龙头的微信宣传阵营、以“甘南旅游”为龙头的微博传播矩阵、以“魅力甘南”党政客户端为龙头的本土移动新闻终端集群、以“甘南发布”为龙头的今日头条政务头条号集群，引导发展壮大起来的近 600 个各类账号形成的甘南本土主流微媒体矩阵和新媒体阵营，形成了一个微传播体系，及时把党和政府的声音传入草原深处家家户户，解读宣讲政策、推送民生信息、疏导社会情绪、收集社情民意，影响并引导着 73. 4 万甘南人民中的接近 59 万的手机上网用户，可以说是打造成了一支甘南藏区宣传舆论的生力军、藏区微媒体“甘南组合拳”。

三、主要成效

第一，甘南州采取“清一补一”方式清理整顿非法安装使用地面卫星接收设备专项行动，不仅仅是依法规范文化市场的行为，更深层的意义在于强化源头管理、巩固主流意识形态的主体地位。

第二，我们加强信息化基础设施建设，发展新媒体、善用新媒体，在大力弘扬民族大团结大发展大繁荣主旋律下，教育和引导藏区各族人民牢固树立“三个离不开”“四个认同”思想观念，广泛宣传甘南藏区经济社会发展成就和和谐稳定局面，夯实干部群众加快发展维护稳定的思想基础，积极参与国际舆论斗争，在加速推进媒体融合创新发展等方面传递了满满的正能量。

【案例反思】

一、甘南藏区形势复杂，采取“清一补一”方式积极稳妥地清理整顿非法安装使用地面卫星接收设备，建设发展以中国甘南网为龙头的网络舆论宣传阵地，引导壮大微传播平台力量，这是落实守土有责、守土负责、守土尽责政治责任的重要体现，也是推进宣传思想和网上舆论工作思维创新、手段创新、基层工作创新的大胆探索和有益尝试。

二、做好各项工作，重在争取人心，重在思想教育和舆论引导。敌对分裂势力与我的斗争从未停歇，借助网络空间对我在意识形态和人心稳定上的舆论渗透力度在加大，运用的网络工具和手段在增多，行动也更加频繁和隐蔽。“宣传文化阵地，我们不去占领，人家就会去占领。”人在哪儿我们的工作就要做到哪儿，我们就要大张旗鼓地把阵地建在哪儿，我们就要理直气壮地把声音传递到哪儿，我们就要把维护藏区稳定和长治久安的氛围营造到哪儿。

三、领导者要有开放的姿态。我们主动适应移动互联网技术发展应用新常态，以开放的姿态和“以用为主、以用促管、管用结合”的原则，重点强化移动端网络舆论阵地建设工作，引导为我所用的“新媒体”“微媒体”发展壮大，形成了体系化的移动端微传播矩阵和 PC 端新媒体阵营。

四、持续创新求变，用新媒体的思维方式应对新媒体的传播方式。移动端新媒体的技术应用和平台对藏区宣传舆论工作的影响力和作用还在继续扩大，要不断增强传播力建设，为我所用的传播渠道越多、越强、越具传播力和引导力，我们的宣传舆论工作就能做得越实越好。传播力建设落脚点在于树立品牌意识、服务意识、用户意识、创新意识。

【案例点评】

在信息社会中，信息成为重要的权力资源，话语权成为领导权的重要组成部分。做好各项工作，重在争取人心，重在思想教育和舆论引导。尤其是在一些敏感地区，就更是如此。

案例说明，领导者要负起政治责任和领导责任，加强对宣传思想领域重大问题的分析研判和重大战略性任务的统筹指导。要发挥党管新闻宣传的看家本领，在事关大是大非和政治原则问题上，增强主动性、掌握主动权、打好主动仗。

危机应对

从无锡供水危机看领导应急力

环保部科技司　刘鸿志

【案例描述】

一、案例背景

2006 年 1 月，我从原国家环保总局到无锡挂职担任副市长，分管环保、园林、旅游、三城同创等工作。

2007 年初夏，太湖蓝藻较往年提前一个月暴发。5 月 29 日，地处太湖北部的无锡市贡湖水源地水质突发异常，市区部分地区自来水出现严重异味，百万居民正常生活受到影响。

事发突然，并且情况原因不明。虽然我在环保总局期间长期从事水污染防治工作，但碰到此类情况也是首次。

二、主要做法

在危机面前，我首先提醒自己要做到不慌不乱、理清头绪、抓住关键突破口。当时作为分管环保的副市长，一方面及时将有关情况向正在英国参加“欧盟江苏经贸周”活动的市长进行了报告，另一方面主要做了以下一些工作。

（一）信息公开，及时沟通

确保信息渠道畅通和社会稳定。公共危机是一场公共的应对、全民的应对，而全民应对的前提就是必须让人民充分知情。无锡供水危机得以迅速化解有许多方面的做法值得认真总结，但其中十分重要的一点就是很好地做到了信息及时公开，让人民群众知情，受人民群众监督，动员人民群众参与。

整个危机期间，我全面负责危机处理的信息发布工作，对此我始终坚持以最快的速度公开事实、发布信息，不回避、不失语，让市民在第一时间充分知情。供水危机发生当天，立即通过地方媒体将真实情况告知市民。在危机处置过程中，通过各类媒体，及时刊登中央和省领导指示、批示精神；及时报道太湖蓝藻实时监测情况和水厂出水水质情况；及时预测分析天气走势，预告人工增雨方案；及时报道市委市政府采取的各项应急处置措施和取得的效果；及时刊登专家组对危机原因的调查分析和试验采取的水处理工艺措施；及时报道环保执法检查、责任处理情况和市民共渡水危机的种种事例；及时发布水质恢复正常公告和要求居民加快排空陈水的通知，稳定了社会、稳定了人心。及时准确的信息公开，使政府取得了市民的充分信任，赢得了市民的广泛理解和大力支持。

供水危机发生的当天，部分市民产生心理恐慌，一度争相抢购纯净水。对此，我及时建议市委市政府启动应急预案，确保饮水，稳定民心。供水危机一发生，无锡市确保市场纯净水供应的各项应急措施立即全面启动实施，价格监管办法相应迅速出台并落实到位。市经贸部门组织市区所有大型超市、卖场，从本市江阴、宜兴和周边城市紧急调运纯净水，公安、交通部门全力提供应急交通保障。到 30 日下午 4 时，无锡 20 多家主要超市、大卖场就已紧急调入 20 万箱纯净水，市场净水供应状况迅速好转。与此同时，物价部门的价格监督管理措施立即跟进，迅速向桶（瓶）装饮用水生产厂商、经销单位发出千余份政策提醒函，明确规定各桶（瓶）装饮用水生产、销售单位不得借机哄抬物价、囤积居奇、掺杂使假、以次充好和短斤少两。5 月 31 日起无锡市区纯净水市场全面消除断档脱销现象，纯净水市场秩序迅速恢复正常。供水危机期间，以学校、幼儿园、医院、养老院、特困家庭为重点的五大类特殊单位和群体，倍受政府和社会的呵护。水厂水质迅速恢复正常后，全市随即进行了管网和水箱陈水的大清理，为鼓励居民排空自来水管道末梢水，市政府还决定免除居民当月半个月水费，力求让居民以最快的速度用上洁净、无味的清水，最大限度地减少供水危机给人民群众生活带来的影响。

（二）集思广益，有效应对

此次水质异味情况不明，但关键在于嗅味的处理，于是我马上跟国内水处理权威专家——清华大学环境学院张晓健教授联系，恳请他尽快赴无锡参与水危机处置。5 月 30 日晚，张晓健教授赶赴无锡，我立即陪同他到中桥水厂连夜进行科技攻关，研究调整自来水制水工艺，努力寻求在制水环节上取得突破，通过采取适用的深度处理技术和工艺除嗅，迅速恢复正常供水。

危机发生后，如何开展及时有效的应急处置和研究制定治本清源的长效措施，确保短期内不出现反复，是摆在决策者面前的关键问题。作为危机处理的政府分管负责人和专家组临时召集人，我利用原来在环保总局工作时的人脉资源，邀请了国内一批水污染防治的专家学者来锡进行会商攻关，对水源地水质突变的原因进行了调查和分析。通过现场勘察、水文分析及图像分析，专家组一致认为，造成无锡贡湖水源地水质突变的原因，主要是该水域内存在约3平方公里面积的污水团，并突然侵入水源地取水口。概括起来，导致危机发生的直接原因是：2007年春季开始，由于太湖水位偏低、气温偏高，导致蓝藻水华提前大面积暴发。与此同时，在一定的水流条件下形成污水团，在特殊风场条件作用下，污水团由岸边漂移到取水口附近，取水口水质立刻下降。全面、客观地分析供水危机发生的原因，气象、水文等条件只是诱因，根本的原因还在于太湖长期污染矛盾的不断积累，供水危机的发生是从污染量变到太湖水质质变的客观必然。

三、主要成效

6月1日凌晨5时，根据专家组充分论证确定的新方案，在确保居民用水卫生安全万无一失的前提下，实施自来水制水工艺重新调整，高锰酸钾前移到水源厂取水口投放，粉末活性炭则改在净水厂蓄凝池投放。最终检测数据表明，自来水除嗅工艺技术取得重大突破，水质异味已经全部消除。

为防止事态蔓延或出现反复，危机发生后，全市迅速提高了各项相关工作的标准和要求。一是强化水质监测。对水源地水质实行24小时监视监测，加密监测频次，增加监测项目。对贡湖取水口的采样范围，向东西方各延伸2公里，向南方延伸10公里。出厂水监测的频次由每天1次增至3次，管网末梢水质监测点也成倍增加。二是全面关闸截污。对进入太湖的港河进行全面控制，请求省水利厅迅速关闭武进港等沿湖全部23座入湖河道水闸，减少污水入湖流量，同时商请水利部太湖管理局关闭太浦闸，严格控制污染转移。三是全面清理水源地定置渔具。至6月5日，贡湖取水口附近10平方公里水域内的鱼簖、地笼网、虾浮全部清除完毕。四是提速整治小化工企业。通过严把产业准入、安全、环保、能耗、年检等检查关，采取提高放贷门槛、收缩信贷规模、加强税务稽查等经济杠杆，确保小化工生产企业关停任务“三年目标两年完成”。五是加快开辟第二水源。采用太湖水源与长江水源“双保险”策略，降低再次爆发供水危机的风险。同时，为实现太湖水质的彻底好转，从长效治理的角度出发，供水危机发生后，我立即组织人马研究起草了《关于举全市之力开展治理太湖保护水源“6699”行动的决定》和《关于全社会动员全民动手开展环保优先“八大”行动的决定》，成为无锡“治太”的纲领性文件。

【案例反思】

在供水危机应急处置过程中，我较好地完成了作为一名公共危机管理领导者角色的使命，同时也积累了很多危机应急处置的经验和能力。面对突如其来的公共危机，个人体会要做到以下几方面：一要敢于担当，迅速反应；二要善于沟通；三要善于发挥团队力量，确保应急处置和长效治理到位。

作为无锡供水危机的亲历者和参与者，我对公共危机管理有了更深入的认识。公共危机的发生虽然不可能完全避免，但同时又是可以管理的，政府特别是决策者在其中扮演的角色、秉持的态度、采取的措施，对危机的平息和解决具有至关重要的作用。突发的公共危机最能考验执政者的执政理念和执政能力，只有真正确立起对人民负责、让人民知情的理念，才能获取战胜危机的最大力量，也才能最终战胜危机。

【案例点评】

“每临大事有静气”。危急关头，领导干部最需要的是要有足够的定力，关键时刻要镇定如常、保持理智、从容应对。

一要敢于担当，迅速反应。洞察形势，冷静判断情况，果断做出处置。二要善于沟通。三要善于发挥团队力量，确保应急处置和长效治理到位。领导是管方向、管全局的，既要靠前指挥、体现担当，又要充分调动有关部门和现场领导干部的积极性和创造性。四要善于总结。为防止再次发生类似情况，要积极总结，并采取预防性措施。

处置非法新建天主教堂传教活动

中共江西省宜春市委统战部　钱　薇

【案例描述】

一、案例背景

宜春位于江西西北部，下辖三市六县一区，总面积1.87万平方公里，总人口540万，有汉、回、蒙等33个民族。有着两千二百多年历史的宜春城，蕴藏着丰厚的宗教文化积淀。除佛教外，宜春有道教、基督教、天主教等大量信众。据统计，全市有佛教、道教、天主教、基督教、伊斯兰教信徒共15.67万余人，占全市总人口的3.45%；现有佛教、道教、天主教、基督教四大教活动场所400多处、教职人员600多人。

2014年4月，我获悉，在丰城市淘沙镇淘沙村聂家组偏僻的山窝处非法新建了一座天主教堂。对此，我立即召集统战、民宗部门负责同志，通报信息，派调查组秘密深入调查。

经查：非法新建的天主教堂位于淘沙镇淘沙村聂家组，距集镇1.5公里，系该村村民聂金生（男，68岁）于2011年年底以新建住房为名报批，于2013年年底完工，2014年2月投入使用。该建筑占地300多平方米，为两层钢筋水泥结构，共花费50多万元，除其本人出资外，有淘沙镇、杜市镇等地的教友捐款，也有福建的教友提供资助，但没发现有境外资金支持。该建筑设置多扇尖顶的窗户，体现出典型的教堂风格。其中：一楼大厅张贴了巨幅圣母画像，可容纳500名信徒一起做弥撒；二楼配置了床铺、炊具，为部分信徒提供食宿，给边远信徒体现“人文关怀”。该非法教堂只有一名讲解员，平常主要是淘沙、杜市等乡镇20多名天主教信徒在此聚会。同时，为方便车辆进出，聂金生自费拓宽了入村到教堂的土路。调查还发现聂金生妻子因残疾常年卧病在床，只有一个儿子（在外打工）。

二、主要做法和成效

在摸清情况后，各方面对依法打击意见一致，但具体方式方法却有不同，有的提出坚决拆除，有的提出关闭即可，等等。综合各方面意见，结合农村宗教工作的特殊性。我提议：

一是落实责任，统战部门负责牵头协调，宗教部门负责政策法规的把握，国安部门负责情报侦查防止境外渗透，当地党委、政府负责非法教堂及传教人员的严密监控。

二是鉴于未发现该教堂有严重的违法犯罪行为，不需警力打击，也不拆除整栋房屋，以免造成不必要的损失导致新的矛盾，但必须立即关闭，体现党的宗教政策的权威性和打击非法传教活动的坚定态度。

三是全面实施教育转化，组织爱国宗教组织协助做好这20多名信教群众的教育转化，“打”“拉”结合，确保此非法传教点不死灰复燃。

四是注意方式方法，内紧外松，严格保密，防止相关信息上网，避免炒作。

五是对聂金生家庭的实际困难，给予适当帮助和跟踪服务，体现党委、政府的关心关怀。

取得一致意见后，立即以市宗教工作领导小组的名义向丰城市发文，通报情况，明确原则，提出要求。最终，经过努力，聂金生很快签订了承诺书，自行拆除教堂标志，恢复了住房功能。通过随后的暗中监察，该场所非法传教活动没有反弹。

【案例反思】

这起非法新建天主教堂事件很快得以解决，处置工作也算圆满。事件过后，我认真进行了反思。

（一）认识影响行动

由于宗教问题的复杂性，加上农村是主流意识形态的薄弱地区，这就要求我们慎重对待农村宗教问题。申请新建住房，却建成了教堂，镇、村两级党组织履行宗教工作职责落在何处？党中央围绕加强基层宗教工作，建立了县（市、区、旗）、乡（镇、街道）、村（社区）三级宗教工作网络和乡（镇、街道）、村（社区）两级责任制，目的就是确保党的宗教政策在基层落到实处。该非法教堂以申请新建住房为名而建，从开工到投入使用，时间跨度有四个年头，但镇、村两级党组织都表示没有发现。到底是没有发现还是不以为然，我们不得而知。但有一点是肯定的，就是镇、村两级基层党组织履行宗教工作职责落空，导致一座非法教堂堂而皇之地投入使用。此外，一部分党员干部对党的宗教信仰自由政策认识不正确，认为公民有宗教信仰自由，那么在家庭聚会、小庙小庵烧香拜佛只是一种纯个人行为，只要是不干违法的事情，就可以不受干涉。落实宗教工作三级网络两级责任制，依法管理宗教事务，不仅是宗教工作的方式方法问题，更是党的基层组织一项政治责任。这项责任如何才能落到实处，关键在于责任追究机制。

宗教是一种社会现象，只要有信徒在，就必然有他们赖以活动的地方。长期以来，在乡、村两级工作格局中，宗教工作难以像计划生育、综治等具有“一票否决权”的工作在乡、村干部的观念中深深扎根。而宗教工作政策性强，涉及的群众面广，问题繁多，且有几分“神秘感”，导致部分乡村干部对宗教工作望而生畏，既不愿管，也不敢管，更不会管，甚至存在利用宗教开展工作的现象，出现“村民听神甫的，神甫听支部的”怪象。同时，一些地方搞所谓的“宗教搭台、经贸唱戏”，修建扩建寺院、宫观、教堂屡禁不止，一些党员干部加入宗教活动之中，助长宗教势力的发展；还有的地方该开放的宗教活动场所不开放，使本地的信教群众到外地从事宗教活动；等等。依法管理宗教事务，主要依据是国务院《宗教事务条例》。主体方面，统战部门的管理权主要体现在思想教育和培养“带头人”，不能直接行使行政执法的职能；县一级宗教部门力量、职责等有限，处置非法宗教活动需要有关部门的密切配合。如，对擅自乱建寺观教堂和借建民房的名义审批土地建寺观教堂，需要土地、城建等部门配合；乡镇一般明确由统战委员兼管宗教工作，但统战委员大多担负繁重的中心工作，无法将主要精力用于宗教管理，而且统战委员既无执法资格，又与县级宗教部门不相隶属，致使许多工作落实不到位；村干部考虑到方方面面的关系，特别是现在村委会干部直接由村民选举产生，对具有群众性的宗教活动一般不会采取制止态度，表现为既不关心也不干涉，顺其自然，听之任之。

（二）问题要抓早抓小

一座非法教堂，表面上只是信徒开展宗教活动的场所，挑战的却是党和政府宗教政策与法规的权威。一名宗教信徒自费建一座教堂，在一般人看来并不值得大惊小怪，既不会影响社会安全稳定，也不会拖累地方经济发展。但它违背了党“依法管理宗教事务”的宗教工作基本方针。2005年3月1日起施行的国务院《宗教事务条例》规定：“信教公民的集体宗教活动，一般应当在经登记的宗教活动场所（寺院、宫观、清真寺、教堂以及其他固定宗教活动处所）内举行”。“筹备设立宗教活动场所，由宗教团体向拟设立的宗教活动场所所在地的县级人民政府宗教事务部门提出申请”，“宗教活动场所经批准筹备并建设完工后，应当向所在地的县级人民政府宗教事务部门申请登记”。很显然，这个教堂，事先未经批准筹建，事后未经依法登记，如不果断关闭，传导的是党委、政府打击非法兴建天主教堂传教态度不坚决，体现的是党委、政府贯彻执行党的宗教政策态度不坚决，将助长非法传教活动，也会让境外敌对势力利用宗教进行渗透有可乘之机。

改革开放以来，党的宗教政策在农村得到了落实，相应的法律法规也不断建立健全，信教群众的发展速度也较之前快得多，群众开展宗教活动更频繁、规模更大，参与人数更多、年龄更轻。尤其是一些私营企业老板暴富后，把“先富”当作是神或上帝的恩赐，理解为是他们多年信教的美好结果，开始迷信起来，到处求神拜佛，捐赠钱财，修建庙宇佛堂，为宗教热推波助澜。也由于他们的“以身说法”，使一部分生活贫困、遇天灾人祸的群众纷纷加入信教队伍。加之，宗教界每年都会组织开展相关的扶贫帮困活动，这也增强了对信徒的吸引力。日常调研发现，宗教在农村之所以迅猛发展，与一些农村基层党组织放松对农村思想阵地的争夺有密切关系。凡是农村基层组织战斗力强、作用发挥好的地方，宗教活动就比较正常，群众思想也比较稳定；那些软弱涣散的村党支部，长期不开展活动，而村里教堂却早晚两遍弥撒，村民看不到党的存在，却时时刻刻看见“天主”，“村里开会人不齐，教堂念经人积极”。以致各级党委、政府给家庭困难的信教群众送救济粮款时，信教群众并不感谢党和政府，而认为这是“主”的恩赐。

世界在变化，形势在发展，宗教问题比以往任何时候都更加复杂，宗教工作比以往任何时候都更加重要，统战部门的同志增强做好宗教工作的能力比以往任何时候都更加迫切。

【案例点评】

宗教工作本质上是群众工作，宗教问题本身非常复杂，农村地区的宗教工作更需要引起高度重视。应急管理的背后是日常管理，日常工作做好了，才能减少突发情况的发生，发挥宗教的积极作用。

在医患纠纷调解中感悟“担当”

湖南省益阳市政府　黄东红

【案例描述】

一、案例背景

近年来，随着社会体制的转变、经济的发展、利益关系的严重失衡，群体性突发事件频繁发生，规模不断扩大，表现形式趋于激烈，造成的后果和影响也越来越严重，传统的医患关系也遇到了前所未有的新问题、新挑战，直接影响到社会主义和谐社会的构建，成为现阶段的热点和难点问题。

2010 年 9 月 19 日，益阳市桃江县一中年男子李仲和，44 岁，回族，因反复双侧腰胀痛一年，尿量减少一月，恶心、呕吐、全身浮肿四天，入住市中心医院泌尿外科，诊断为双肾结石并积水、慢性肾功能不全、尿毒症、肾性贫血、泌尿系感染。

患者入院进行体查：慢性重病容，贫血貌，精神差，全身浮肿，双肾区轻压痛、叩击痛，双输尿管行程无明显压痛，腹部稍隆起，无明显压痛，未扪及包块。膀胱区无隆起，肛门外生殖器未见异常。患者入院后，急查肾功能、电解质及血常规：Bcr：1213μmol/L，Bun：24. 38μmol/L，K＋3. 17Mmol/L，BR：WBC：4. 23×109/L，HB69g/L，N 0. 87。急诊 CT（泌尿）示右侧输尿管上段结石并右肾积水，左输尿管上段及左肾多发结石，左肾积水，予急诊膀胱镜下双侧逆行输尿管插管均失败，计 24 小时尿量约 1560ml—2600ml/日。查 UR：WBC：12 个/ul，及完善常规检查。

2010 年 9 月 20 日—27 日，经四次分别输血及行血液透析，补钾、消炎等对症处理，2010 年 9 月 26 日复查肾功能，Bcr：606μmol/L，BR：Hb 106g/L，WBC：8. 2 ×109/L，K +4. 89mmol/L。于 2010 年 9 月 27 日血透后于 2010 年 9 月 28 日在连硬外麻下行左侧输尿管镜下 DJ 管置入术 + 右侧经皮肾碎石取石术，患者术后尿量明显增加，约 3300ml—5500ml/日，患者术后一直血尿并出现血钾升高。2010 年 9 月 30 日查 Hb 67g/L，N 0. 93，生化示于消炎，止血，补碱，反复血透，支持对症处理，患者肾功能逐步改善。2010 年 10 月 4 日，BR：Hb 50g/L，WBC：7. 22 × 109/L，N 0. 782，予输血，患者病情渐好转，血尿好转。2010 年 10 月 8 日查生化，Bcr：349μmol/L，Bun：16. 6mmol/L，K + 6mmol/L，2010 年 10 月 9 日查，BR：WBC：7. 03 ×109/L，Hb 83g/L，N 0. 744，精神、食纳均有好转。2010 年 10 月 14 日出现头晕，纳差，精神差，查 BR：WBC：14. 4 × 109/L，Hb 75g/L，N 0. 87，UR：WBC 2812 个/μl，予加强二联消炎，对症处理效果欠佳。2010 年 10 月 19 日行药敏 + 培养示大肠埃希菌，予更换敏感抗生素左氧氟沙星消炎，炎症明显好转。2010 年 10 月 25 日，UR：WBC：68 个/μl，Bcr：352μmol/L，Bun：17. 5mmol/L，电解质正常，BR：Hb 74g/L，WBC：8. 19 ×109/L，N 0. 85，夹闭右肾造瘘管 3 日无特殊异常，于 2010 年 10 月 26 日拔除右肾造瘘管，伤口愈合，无尿瘘。患者要求于 2010 年 10 月 29 日出院，嘱其外院继消炎，并每周复查肾功能、电解质，1 月后来院再次手术。

患者出院后四天因腹痛，恶心，呕吐两天，于 2010 年 11 月 2 日再次入住我院肾内科，患者出现发热，最高达 39℃，B 超示右肾周脓肿（可能），UR：WBC + + +/HP，经消炎对症处理，未见明显好转，于 2010 年 11 月 3 日患者及家属要求转长沙治疗。2010 年 11 月 5 日患者入住湘雅医院泌尿外科，入院后完善相关检查，行伤口引流等处理，效果不明显，遂 2010 年 11 月 11 日在全麻下行右侧肾周脓肿穿刺引流术。术后予以引流、抗炎等处理。复查 CT 示：1. 右肾感染、右肾周脓肿穿刺引流术后，脓肿较前缩小；2. 左肾结石。复查肾功能示：尿素 9. 66mmol/L，肌酐 229μmol/L。教授查房后认为穿刺引流后脓肿明显缩小，引流通畅，可带管出院，于 2010 年 11 月 18 日出院。目前患者肾周脓肿已治愈，双肾结石已手术摘除，肾功能较前有好转。

2011 年 8 月 19 日益阳市伊斯兰教学会委托湖南省芙蓉司法鉴定中心进行鉴定，鉴定结果：医方益阳市中心医院在为患者李仲和诊疗过程中存在术后处理不当的不足，与右肾周脓肿形成存在因果关系。李仲和右肾周脓肿行穿刺引流术后，评定为九级伤残。

以下赔偿按九级伤残赔偿。

1. 医疗费：21 万（包括左肾结石），已领走。

2. 后续治疗费：肾周脓肿已治愈。

3. 误工费：28600 元

4. 护理费：2000 元

5. 残疾赔偿金：22488 元

6. 被抚养人生活费：10344 元

7. 残疾辅助用具费：无

8. 营养费：2000 元

9. 住院伙食补助费：360 元

10. 交通、住宿费：2000 元

11. 精神抚慰金：10000 元

合计：287792 元

事后，患者家属多次纠集数十人到市中心医院、市卫生局等部门上访闹事，经市人民政府办组织市卫生局、市民族宗教事务管理局、桃江县人民政府等相关单位协调处理三次，因家属要求太高，（最高要求是 300 多万元，最后要求医药费以外至少 120 万元），均未处理终结。

2011 年 12 月 3 日下午 2：20，我接到我市中心医院院长的电话，医院被患者家属纠集上百人堵门闹事，殴打伤害医务人员、损坏医院公共财产，严重影响了医疗秩序。

二、处置方案

作为分管卫生的副市长，接到电话后，我立刻向市长电话报告，并迅速赶到现场。

在现场，我做出安排，将现场分为两大组，一组由公安局局长组织警察控制现场防止事态升级和恶化，另一组由我负责组织相关部门、地方政府、村干部和患者家属代表调解谈判。

调解之前我明确了几条原则：第一，在调解之前必须由患方通知所有自己人员撤离医院，否则不予调解，并且造成的一切后果由其负责；第二，指定发言人讲话时他人不得插话；第三，患方代表推选一至三人发言，其他人只能旁听。

这三个原则参会人员全部同意，患方代表立即打电话指挥自己的人员迅速撤离现场。在复杂而又紧迫的情况下，我也迅速给自己拟定了五条工作目标：一是控制现场局面，二是满足患方合理要求，三是采纳院方合理意见，四是依法处置毁坏医院财产、打伤医务人员的违法人员，五是防止这起医患纠纷演变升级为与少数民族的政治矛盾。然后围绕这五个方面听取患方、院方、公安、司法、信访、维稳办等有关人员的意见，

最后拍板时，我紧紧围绕处置这起医患纠纷的两个关键：第一，怎么看待这起医患纠纷；第二，怎么处理这起医患纠纷。在第一个问题上，我讲清了医患纠纷的概念、处理原则和程序，针对患方代表反复强调政府派特警和警察是镇压老百姓、歧视回族人，并说这种方式不是解决人民内部矛盾，而是敌我矛盾等，我明确指出安排警力的目的不是镇压老百姓，而是维护医院正常的治病救人的秩序，更是保护老百姓的生命安全；讲清了在发生冲突时要避免言语过激而要彼此宽容，无论是谁触犯了法律都会严惩不贷。我严肃指出，患方当天组织200多人来医院打砸是一种很危险的扰乱社会治安、破坏公共财产、伤害他人生命的违法行为，公安必须立案查处，不论民族、不论男女、不论年老、不论职务，法律面前人人平等。在第二个问题上，我明确表示了两点意见：一是积极支持患方向法院起诉，并帮助患方申请法律援助；二是如果患方不愿起诉而同意接受调解，在患方提出的90万元赔偿要求和医院提出的20万元承受底线的基础上，只能依据相关法律规定和同类案例赔偿标准选择40万元解决。

从下午的3点钟开始谈判到次日凌晨1点正式签完协议足足谈了10个小时，最后以49万元协调成功。

【案例反思】

随着社会的进步和时代的发展，大批优秀的女性人才步入政坛，在不同领域发挥了非常重要的作用。由于历史和社会的原因，女性在政坛上的跋涉要比男性艰辛沉重得多。女性要纵横驰骋于政治舞台，势必要比男性付出更多的心智和精力。通过这起医患纠纷的调解，让我深刻地体会到女性要成为优秀的领导干部，一定要有勇于担当的大无畏精神。

第一，勇于担当是领导干部责任意识的体现。我从乡镇到县政府再到市政府，二十多年来一直坚信“仁者无忧，正者无敌”的信念，将勇于担当真正融入自己的工作实际之中。这起突发事件发生后，当我报告市长并迅速赶往现场处置时，市长十分关心我的人身安全，一再嘱咐我千万要注意自己的安全，事后很多人谈起这次突发群体事件也都劝诫我别再这样冒险。虽然我是一个年轻的、党外的女性领导

干部，但是，上级组织和人民群众将工作担子压在了我的肩上，那么一旦面对困难、风险、挑战时，我就应该清醒地认识到自己的使命与职责，勇敢地肩负起自己的使命和责任。同时，也要努力证明女性领导干部也能迎难而上、勇于担当，在急难险重的危局中从容大气、多谋善断。

第二，细致耐心是女性领导干部的优势。在处置这起群体性突发事件过程中，我十分注意发挥女性细致耐心的优势。各方争相阐述意见时，我用心倾听，认真记录每位发言人的讲话，努力与对方心理共鸣。在听取患方意见时，我用信任的眼光鼓励他们说实话、说真话，用同情的眼光感受患者的痛苦；在听取医院和公安描叙患方殴打医务人员、破坏医院设施时，我用惊讶的眼光注视对方，并用关切的语气提醒和严肃告诫患方违法的事情千万不能做。尽管患者在这起纠纷中有很多过激甚至违法行为，作为领导一定要冷静、严肃，一定要让老百姓感觉干部处理事情时公道、正派。所以在最后拍板时，我首先代表政府对医院在治疗过程中给患者留下的痛苦表示深深的歉意，也表明了我的态度和原则，确保在法律政策的框架下协调好患方的诉求，否则只能依法依规向法院起诉。果断地提出了解决这个问题只有两条路可走，降低了双方各自的期望值，明确了解决问题的基本途径和方法。

第三，以民为本是有效解决群体性突发事件的根本。我现场提出处置解决纠纷的方案后，立即授权地方政府和村党支部书记，要求他们必须在天亮前做好协调工作。同时，我本着“以民为本”的工作出发点，考虑到患者的实际情况，授权下级地方政府和患者所在村干部可以适当增加金额，控制在50万以下去做工作，让下级政府和村干部既有做工作的空间，有利于树立他们的威信，调动了他们做工作的积极性，也给了患方家属理性的思考空间，减少患方家属的抵触情绪，有效地维护了医患双方的权益，促使这起医患纠纷最终妥善解决。

第四，经验总结与制度完善是预防群体性突发事件的方法。通过这起医患纠纷的处理，我要求相关部门要尽快总结经验，深刻反思，建立长效机制。其一，认真查找了造成医患关系紧张的原因：一是患者对医疗诊疗工作和医学知识缺乏了解，对医疗诊疗的效果期望值过高；二是医疗费用自付比例增高，医疗费用与期望疗效不相符；三是医务人员服务态度不好；四是有些医院确实存在因医务人员工作过错导致损害患者的事情；五是舆论和媒体的报道有失公允，武断地确定医院存在过错，引起公众对医院信誉的质疑；六是有些纠纷的产生完全是患者的经济利益驱动。其二，针对上述原因，明确了必须建立政府、医疗机构（医务人员）和患者三方共建、理解和信任的机制，有效沟通医患关系。为此，我们重点加快了全市的卫生事业发展，四年来全市增加80多亿元的投入，努力解决好群众“看病难、看病贵”问题，并成立了“益阳市城区医疗纠纷人民调解委员会”，下设“益阳市城区医疗纠纷调处中心”，是城区医疗纠纷人民调解、行政调解、司法调解对外服务的窗口。其三，加强医院内部管理，加强医疗队伍的教育和管理，提高服务水平。其四，加大宣传，让患者充分了解医疗服务的特殊性，主动影响和降低患者的期望值。2012 年、2013 年、2014 年全市医患纠纷分别是 181 起、150 起、114 起，分别下降了 17.13%、24%。

【案例点评】

在处理群体性事件的过程中，一要领导者勇于担当。二要领导者细致耐心。案例作者充分发挥女性领导细致耐心的优势，做通了群众的思想工作。三要以民为本，本着对群众利益负责的态度处理问题。四要注重经验总结与制度完善，这是预防群体性突发事件再次发生的有效方法。

抗震救灾应急工作的“普洱模式”

云南省普洱市政府　魏艺红

【案例描述】

一、案例背景

普洱市地处云贵高原西南边缘，以澜沧江深大断裂为界，东西两侧形成了“思茅—宁洱”地震带和“澜沧—耿马”地震带，境内断裂纵横交错，中强地震特别活跃，仅从1965年以来，5级以上地震共发生29次，约1.7年发生一次5级以上地震，约5年发生一次6级以上地震，是云南省破坏性地震最频繁、地震灾害最严重的地区之一。

2014年10月7日，我市景谷县发生6.6级地震，12月6日又先后发生5.8级、5.9级强余震。此次地震，具有震级大、震源浅、破坏性强，呈现出伤亡不大损毁大、外伤不重内伤重的灾情特点。共造成2人死亡、353人受伤，直接经济损失74.9亿元。

二、工作措施

地震发生后，普洱市抗震救灾指挥部立即启动地震应急预案，市委、市政府领导第一时间率队赶赴灾区，靠前指挥抗震救灾工作，灾区各级党委、政府和省级各部门各单位迅速集结力量，开展应急抢险救援工作。驻滇解放军和武警部队、公安边防和消防部队、民兵预备役人员迅速投入抗震救灾。应急处置工作得到了国家减灾委、国务院抗震救灾指挥部的高度评价和充分肯定。

（一）全力以赴开展抢险救援工作

坚持把灾区群众生命安全放在首位，把恢复生产生活秩序作为主要任务，统筹抓好抢险救援工作。

一是全力组织人员搜救。组织人员开展地毯式搜查、拉网式搜救，做到不留盲区、不留死角、不漏一人。及时派出医疗救援力量救治受伤群众，妥善处理遇难者善后工作，地震受伤人员得到及时救治，最大限度地确保了人民群众生命安全。

二是全力恢复生产生活秩序。震后 2 小时打通救援通道和恢复通讯，不到一天时间全面恢复灾区供电，受损道路在震后第三天全部抢通；对交通进行疏导、分流、管控，保障了救援生命线的畅通；及时修缮加固受损校舍、搭建活动板房，100 所受灾学校全部按时复课；“一企一策”制订复产方案，因震损停产的规模以上企业全部复产；及时组织灾区群众开展晚秋、小春作物种植和冬季农业开发，确保农业不减产、农民不减收。

三是全力做好“五个防范”。组织对受损民房、交通、水利、电力和地质灾害隐患点进行排危除险，通过采取修复加固等措施，及时排除受损最严重的永平镇长海水库险情。切实做好医疗救治和疫病防控，加强安全防范和隐患排查，灾区未发生疫情、火灾和道路交通、安全生产等事故。

四是全力抓好宣传引导工作。在抗震救灾期间，先后有多家国内外新闻媒体记者在灾区一线采访报道，将党和政府的声音及时传播到千家万户，为抗震救灾传递了正能量。同时，及时对一些负面的舆情信息开展调查核实，采取有效的应对措施积极回应社会关切。

五是全力维护灾区和谐稳定。整合民警、武警、协警三方力量，组建护村队、护校队、巡逻队三支队伍，24 小时开展治安管防和执勤巡逻，做好应急处突准备，确保了灾区人心安定、社会和谐。

（二）千方百计安置受灾群众

坚持把安置保障受灾群众基本生活作为抗震救灾工作的重中之重，加快推进各项措施落实，确保受灾群众实现“六有”（有饭吃、有干净水喝、有衣穿、有安全临时住所、有病得到及时救治、学生有安全的地方上学）目标。

一是积极筹措救灾款物。在中央安排、省级安排的应急资金的基础上，普洱市和受灾县（区）顶住财政困难的压力，优先安排抗震救灾资金，同时，积极争取社会各界的鼎力支持，基本保障了应急救助投入。

二是及时转移安置受灾群众。通过实施“六个一”工程（一把手电、一包蜡烛、一顶帐篷、一袋米、一桶油、一床被子），实现了受灾群众“六有”目标。采取集中安置、分散安置、投亲靠友相结合的方式，紧急转移安置受灾群众。紧急调运发放帐篷、彩条布、棉被、棉衣、大米、食用油、矿泉水、钢架床等救灾物资，全面保障了群众基本生活。

三是抓好过渡安置救助。在对紧急转移安置的受灾群众实施十天、每人共250元应急救助基础上，制订了受灾群众过渡期基本生活救助实施方案和受灾群众过渡安置期间温暖过冬救助方案，对转入过渡性安置的受灾群众，按照每人每天补助15元、救助三个月的标准实施救助，做到过渡安置救助到户到人。

（三）扎实推进恢复重建工作

在认真做好应急救援各项工作的同时，统筹推进恢复重建各项工作。2014年12月6日，省委、省政府在景谷召开地震恢复重建工作会，陈豪省长对恢复重建工作做了安排部署。2014年12月11日，普洱市委、市政府在景谷召开地震恢复重建工作会，全面启动恢复重建工作。

一是科学编制恢复重建规划。省政府制订了《云南景谷6.6级地震灾后恢复重建规划》，市级制订了重建总体实施方案和各专项实施方案，恢复重建各项工作扎实推进，2015年年底将全面完成受灾民房维修加固和拆除重建任务。

二是抓好恢复重建物资保障。及时组织做好恢复重建物资调运和市场供应工作，基建部门和供货企业适度储备供应物资，做到有备无患。

三是切实做好物价稳定工作。启动价格监管应急预案，做好建材价格、产品质量、生产供应的调控和监测。组织开展物价大检查，严肃查处串通涨价、变相抬价、囤积居奇等违法行为，保证灾区生产供应正常、价格平稳。

四是强化资金筹措和监管。多元化、多形式、多渠道筹措民房恢复重建资金。积极协调各级金融机构，采取增加信贷额度、实施倾斜的信贷政策、创新金融产品等方式，加大金融支持恢复重建力度。

三、工作成效

在党中央、国务院的亲切关怀下，在省委、省政府坚强领导下，景谷地震创造了云南乃至中国同级地震史上人员伤亡小、次生灾害少、大灾之后无大疫等奇迹，境外媒体普遍赞叹中国政府救援组织工作高效，为国家赢得了良好声誉。国家减灾委、国务院抗震救灾指挥部联合工作组组长、国家地震局副局长修济刚评价说，整个抗震救灾工作科学、有力、有序、有效，创造了地震救灾史上震级高、震源浅、人员伤亡小的奇迹，是他所参加过的抗震救灾工作中组织最有序的一次，创造了抗震救灾的“普洱模式”。

灾后恢复重建工作稳步推进，截至2015年9月20日，76090户民房修复加固户已全部完工；22149户民房重建户全部开工，完工13756户、入住6602户，分别占复建总数的62.11%、29.81%。民生改善、基础设施建设、减灾防灾体系建设、特色产业增收培育四大工程正在有序推进。

【案例反思】

总结此次景谷地震抗震救灾工作，之所以没有造成重大人员伤亡，应急抢险工作能够做到科学、有力、有序、有效，我深刻体会到主要得益于五个方面。

一是指导思想。始终把人民生命财产安全放在首位，是抓好防震减灾工作的根本。

普洱市一方面明确提出只要绿色、环保、惠民的GDP，不要带血、污染、低效益的GDP，不以牺牲生态环境为代价换取一时的经济发展。以建设国家绿色经济试验示范区为平台，生态得到了较好的保护，全市森林覆盖率68.7%，景谷灾区森林覆盖率高达74.7%。良好的生态环境使得地震发生后没有造成大规模塌方、泥石流等次生灾害，成为生态文明的受益者；另一方面，普洱全面落实中央和省委、省政府加强防灾减灾工作的决策部署，健全完善应急体系和机制，加强组织领导，统一协调指挥，整合各方力量，为及时高效应对此次地震灾害提供了强有力保障。

二是坚持主动防灾、科学减灾、有效救灾相结合，是抓好防震减灾工作的基础。我们一手抓软件保障，完善应急预案和指挥救援体系，大力宣传普及防灾减灾常识，开展全民应急演练；一手抓硬件支撑，全面实施民房和公共设施防震减灾工程，大力加强地质灾害防治和生态保护工作，有效提高了防震抗灾的能力和水平。事实证明，防灾减灾工作做与不做大不一样，做在前和做在后大不一样，被动救灾不如主动防灾，主动防灾在保障人民生命财产安全的同时，有效降低了救灾成本。

三是全面加强制度建设，各级政府执行力和落实力显著提升，是抓好防震减灾工作的前提。有效应对地震灾害，检验的是机制的保障力，考验的是各级政府的执行力和落实力，科学合理设置组织机构是前提，统一指挥协调是关键。面对突如其来的严重灾情，及时成立省、市、县三级联合指挥部，下设12个工作组，整合力量，统一协调，高效指挥，信息传递快速准确，工作无缝对接，实行问题清单公布制，强化督查督办，层层传导压力，确保了工作事事有落实、件件有回音。灾区各级党委、政府快速反应，沉着应对，果断决策，主要领导第一时间深入灾区指挥抢险救灾。各级领导班子同唱一个调、同演一台戏、同下一盘棋，各有关部门主动认领任务，各司其职、各负其责、协同作战。实践证明，加强防灾减灾工作制度建设，强化制度执行，是确保政令畅通、高效运转、执行有力、落实到位的重要前提。

四是全面落实干部“八包八保”责任制，构筑起横向覆盖所有灾区、纵向覆盖每村每户的包保责任体系，是抓好防震减灾工作的保障。

地震发生后，普洱市及时从市、县、乡镇抽调2000余名干部组成“抗震救灾和灾后恢复重建包保责任组”，以村民小组为主战场，以受灾农户为对象，把包保责任贯穿于抢险救援、过渡安置、恢复重建全过程。实行责任倒逼机制，明确制定每项工作完成时限、每个时段工作责任，倒逼完成工作任务。把工作职责、任务与包保干部紧密地捆绑在一起，在电视、报纸上公开，接受媒体和社会监督，构筑起横向覆盖所有灾区、纵向覆盖每村每户的包保责任体系。同时，全面强化责任担当，从严落实工作要求，做到岗位到人、职责到人、任务到人、落实到人、问责到人。实践证明，只要广大党员干部发扬勇于担当、敢于负责的精神，冲在前、作表率、树标杆，就一定能够凝聚起万众一心抗震救灾、重建家园的强大力量。

【案例点评】

地震是典型的突发事件。领导者就是要在关键时刻豁得出来，在危机时刻展现领导力。案例中处理这一突发事件之所以取得较好效果，主要是因为坚持了几个原则：一是战略清晰，坚持把安置保障受灾群众基本生活作为抗震救灾工作的重中之重。二是加强联动，包括上下联动和左右联动。三是制度补漏，转危为机。地震直接导致的是灾难，客观带来的则可能是重建的大好时机。危机领导力重在转危为机。

化解某热电厂历史遗留积案

黑龙江省佳木斯市政府　李长梅

【案例描述】

一、案例背景

2014年年初，组织安排我到A省B市挂职锻炼，任市委常委、副市长，为期两年。当年3月上旬，按照中央的统一部署，市里启动了党的群众路线教育实践活动，解决群众关切的问题是这次活动的重要内容。在此背景下，上访问题比以前突出了。为了有效应对这种局面，切实维护好群众的切身利益，市委对信访工作进行了周密安排，每天安排一名市级领导干部接待上访群众。同时明确要求，有关本届班子任期内出现的问题，谁分管谁负责解决；对于历史遗留的积案，不能再拖，本阶段内谁第一次接访谁负责牵头研究解决。

2014年6月16日，是我接待上访群众的第一天，心中有紧张，也有迎接新挑战的兴奋。为了做好接访工作，我认真学习了信访条例、信访工作程序，还向经验丰富的前任信访局长询问了信访注意事项等。尽管认真做了功课，心中还是觉得没底，因为我不知道将要面对的是什么问题。

早晨7∶40，我来到了办公楼前，信访局值班人员已经到岗。“如果有群众来访，记住做好三件事：第一，尽快把来访群众疏导到信访大厅，避免在办公楼前大规模长时间聚集，影响办公秩序。第二，尽快把来访群众反映的问题整理出来，通过短信发给我和相关部门负责人。第三，选出五名访民代表，安排好接待室，我和相关部门负责人一起接访。”做完上述安排，我便到办公室，开始处理当天的事务。

8∶20，办公楼外有嘈杂的说话声，隔窗望去，只见几十人正在二楼平台七嘴八舌地向信访局值班人员说着话，带头的是一个年近40岁的中年妇女，情绪略显激动，来访群众在引导员的引领下朝信访大厅的方向走去。15分钟后，引导员的短信发到：这是一起因对企业改制补偿不满引发的长达十一年的信访积案。我想：十一年没有解决，肯定是个十分棘手的问题。10分钟后，我和工信、人社、国土、建设、民政等部门的相关人员来到了接待室，拉开了研究解决问题的序幕。

“各位代表好，我是副市长李长梅。刚才听信访局的同志介绍，今天你们上访的秩序非常好，感谢你们对政府工作的信任和支持。为了尽快研究解决好你们的问题，请几位代表把问题和你们的诉求先说一下。”

“我们每次来你们都换一个领导，听完之后都说回去研究，然后就没下文了。”一位带头的孙姓中年妇女不满地说，其他几个人也随声附和，几位代表的情绪开始激动起来。

“你们……”工信委的负责人刚要辩解，被我轻声制止了。“以前我们的工作确有不周到的地方，没有把研究的情况及时和你们沟通，在此接受你们的批评。今天接待结束后，我会向市长建议建立良好的沟通机制。在这个机制建立之前，我答应你们两周之后的周一我在这里向你们反馈研究的情况。”代表们相互看了看，没说话，接待室里出现了短暂的安静。接着，我又把市委关于历史遗留的信访问题的处理原则简单介绍了一下，并向他们承诺这个问题我会负责到底，本着依法、公平的原则进行处理。

听了我的一番话，几个代表的情绪渐渐稳定，争先恐后地向我们诉说起来，生怕遗漏。

原来这些代表上访的主要问题是这样的：1992年，经省政府批准B市征用江南村集体土地用于建全民所有制热电厂。被征地农民中有70%选择了货币补偿，其余30%的人自愿选择了户口农转非，其中的130名劳动力与热电厂签订了用工合同，约定该厂建成后成为其合同制工人。B市热电厂自1992年4月开工建设，由于资金不到位等多种原因，始终处于半停半建状态，1997年停建，1999年8月A省龙实公司投资完成收尾工程并租赁经营热电厂。在租赁合同中，龙实公司与热电厂约定，通过考试录用热电厂70%的职工。由于热电厂招录的工人中有一部分人从来没上过岗，其中也包括了江南村的59人，因此未通过录用考试。2003年孙某组织59人申请过劳动仲裁，要求赔偿1992年6月至1999年10月应得工资。B市劳动争议仲裁委员会裁定热电厂补发59人的生活费。2010年有部分人员再次申请劳动仲裁，案由是热电厂欠发保险、生活费争议。B 市劳动仲裁院裁定热电厂支付生活费并承担单位欠缴部分的基本养老保险费。由于对两次劳动仲裁结果不满意，从 2003 年至 2014 年间，孙某等 59 人多次到市政府上访。

由于经营亏损，租赁经营方多次更换，2010 年、2011 年和 2012 年分别由国电公司和永旭公司租赁经营。2012 年 12 月，经 B 市市长办公会议确定，对热电厂进行改制。2013 年 8 月，由工信委、建设局、人社局、财政局、民政局、国土局等多部门抽调人员组成改制工作组进驻企业开展改制工作，确定改制时间节点为 2013 年 8 月 31 日。至改制时，热电厂共有在册职工 741 人，其中上岗职工 427 人，下岗职工 314 人（其中包括江南村征地招工 59 人）。改制方案规定，在岗职工买断工龄的经济补偿金按照改制前 12 个月的平均工资标准发放；下岗职工的经济补偿金按照企业职工最低工资标准发放。由于对改制方案确定的补偿金发放标准不满，59 人对经济补偿金一直未领取，2013 年 9 月以来加大上访频度，还到省委党的群众路线教育实践活动督导组驻地上访。上访群众的诉求主要集中在三个方面：一是按 B 市最低工资标准补发 21 年的工资。二是经济补偿金按企业在岗职工平均工资标准发放。三是 21 年“三险一金”个人应缴部分由热电厂负责补齐。

由于有了两个星期回复处理意见的承诺，代表们反映完问题和诉求后没有过久滞留就带着群众们离开了，上访群众临走时留下了期盼的目光。

二、主要办法和成效

第一，换位思考。当上访群众离去后，趁着各相关部门的人都在，我就地开始了研究讨论，要求这些部门的人员畅所欲言，谈谈各自的意见。大约半分钟的时间没有人说话，大家的目光全向工信委王主任看去。王主任清了清嗓子说：“根据原土地局与江南村和热电厂签订的征地协议，当时职工征地入厂属自愿行为。为被征地农民办理农转非与国营合同制工人手续后，征地合同已经履约完毕。至于有了身份没上过岗，那就只能怪运气不好了。也正是因为是由于企业原因造成他们没有上岗，所以在改制时才给他们补发了生活费，与经济补偿金一起转到了给他们每个人制作的银行卡里。我们这些人多数都是当年改制工作组的，这个问题研究了很多遍了，改制方案是有法律支撑的，他们的诉求完全不合理。之前热电厂、供热办都给他们答复过，他们听不进去，就是不停地上访，我们也没辙。”王主任话音刚落，现场不少人回应：“是啊，是啊，上次来的时候他们还说再不解决就到省里去上访。”

听了这些话，我感觉到部分同志对研究解决这个问题情绪不高，有的甚至有抵触情绪。“之前的答复有没有把依据的法规条款详细地告诉他们?”我追问了一句。“提到了，但没有那么详尽。”于是，我要求工信委牵头三天之内整理出一份详细的答复，其中要把改制方案的制订依据及认定上访诉求不合理的依据详尽列明。

因为没有认真研究法规依据，我只能先假设工作组的说法是正确的。然而，换位思考，如果我是被征地农民，用土地换来的职工身份徒有虚名，难以养家糊口，只能领取相当于城市低保的生活费，心理上的不平衡也是可以理解的，也是值得同情的。通过土地征用协议可以看出，农民依法最大限度维护自身权益的意识是淡薄的，能力更是微乎其微，否则，协议中就应该有热电厂如果不能正常经营的补偿条款。

第二，依法行政。我给参与研究讨论的同志安排了三项工作后，便结束了当天的讨论：其一，由民政部门的同志对59个上访群众的家庭经济情况进行摸底，是否有比较困难的，尤其是符合低保救助而没有得到救助的家庭。其二，请信访局的同志查阅有企业改制以来的接访记录，统计与59人类似的情况；请工信委对市里已经改制的企业中是否还存在类似情况进行排查。其三，请工信委的同志测算一下上访人员的经济补偿金与在岗人员的最低经济补偿金的差距。三项工作提交结果的时间是十天。

三天以后，带着法规条款的答复意见交了上来。我请政府法制办的业务骨干和一位专业律师分别看了看，都得到了肯定答复。十天以后，三项工作的办理结果也出来了。59个上访人中，多数家庭经济情况不是很好，其中已有5个家庭享受城市低保，另有7个家庭中因长期有病人而比较贫困。在接访记录中未查到类似的上访案件；已改制的企业中是否有与这59人完全相同的情况，由于时间久远、改制资料保存不全等原因排查难度较大，短时间内无法查清，工作人员对工人人数较多的三个企业优先进行了了解，没有发现类似情况。上访人员的经济补偿金与在岗人员的最低经济补偿金的差距是16000元。

上述工作完成之后，我找到市长，向他详细汇报了办理情况以及我对处理这一问题的建议：一方面，明确指出上访群众的诉求没有法律支撑，同时，也详尽告知改制方案制订的各项依据，从而争取他们的理解。按照信访条例的规定，本次市政府答复后就已经是信访终止了，以后就同一事项再进行信访，各级信访部门不再受理，这一条也要清楚地告诉他们。如果他们仍对答复结果不满意，可以走司法途径，政府可以替他们安排律师并承担诉讼费。如果他们想就改制方案去省有关部门咨询，我们也可以安排。另一方面，政府又充分考虑到他们以土地换职工身份却从未上岗的特殊情况，以及近些年来农村改革的利益也未得到的失落心理，确实值得同情，可以考虑给予一定数额的一次性补偿，但补偿的金额加上他们原有的经济补偿金不能超过热电厂在岗职工所拿到的最低经济补偿金，否则就会引起新的不平衡。根据前期所做的详尽排查结果，这项补偿措施引起攀比的可能性不大。同时，进一步明确采取这项补偿措施的两个附加条件：一是在一周之内领取，超过时限政策失效；二是领取前要签订约定书，不再就此事上访。

第三，主动沟通。我的建议得到了市长的认可，经信访工作组研究同意后实施。在实施过程中，我采取了积极回应、主动沟通的态度和举措。6 月 30 日，我主动约见这批上访群众。当天，我早早来到了信访接待室。访民代表们进门看见我和相关人员已坐在那里等他们时，笑着不好意思地说，“没想到，李副市长来得比我们早。”在交谈过程中，我与相关人员又耐心倾听他们的解释，和颜悦色与他们进行沟通。听完了政府对他们所反映问题的处理意见后，代表们没有马上表态，说回去后告诉大家，听听大家的意见。

7 月 1 日党的生日这一天，信访局的同志给我反馈，这批上访群众同意了处理意见，已经有 20 余人领了款并签了约定书。随后，其他上访群众也在一周之内全部办完。10 月一个周六早晨，我在晨练完向住处走的路上，忽听到有人在身后叫“李市长好”。我回过头去，看见一个中年男子骑着自行车带着个 10 岁左右的男孩正朝着我过来。看起来有些眼熟，猛想起是其中的一名访民代表。他兴奋地告诉我，大家对问题的处理结果都很满意，而且感觉现在政府的办事效率特别高，过去十多年都没能解决的问题，没想到两个星期就解决了。临别，他热心地叮嘱我 B 市的天气凉得快，早晚注意保暖。听了他的话，我心里暖洋洋的。

【案例反思】

在处理这一事件的过程中，我体会到：决策一要贴实际，二要贴民心。另外，处理群体性事件既要讲法律，也要讲人情。在换位思考、取得各相关部门统一工做出发点的基础上，我和大家统一了思想，依法办事确是各级政府办事的原则，但是，绝不是所有复杂的问题都能在法规条款中找到明确的规定。面对没有明确规定的事项，是否有利于维护人民群众的切身利益，应该成为衡量措施是否可行的尺子。

【案例点评】

处理群体性事件是领导工作中的重要内容。其中一个核心原则是既要讲法律，也要讲人情。作者在案例中，面对没有明确规定的事项，将“是否有利于维护人民群众的切身利益”作为衡量措施是否可行的尺子，最终解决了问题，收获了民心。

一起特大棉花走私案件的查处

济南海关　刘魏巍

【案例描述】

一、案例背景

2014年2月，正厅级济南海关成立仅两个多月，我及全关上下正处在建关的繁重工作中，一起突发的特大棉花走私大案严重冲击了建关的节奏。

2014年2月，我关隶属的某海关在核查中发现，L公司加工贸易手册项下应剩余保税棉花与库存严重不符，存在巨量亏空，有擅自倒卖的重大嫌疑，初步估算短少棉花货值达数亿元。初步反映的情况表明，这很可能是一起特大走私犯罪案件。

接到报告后，我感到案情重大、事态严重，迅速指定由缉私、稽查等部门组成了专案组开展核查。经过专案组近两个月艰苦细致的工作，初步查明了犯罪事实：L公司自2010年至案发，在明知保税进口的棉花不能擅自倒卖的情况下，未经海关许可并未补缴应缴税款，擅自将保税进口棉花在国内销售牟利，涉嫌特大走私犯罪。该公司将棉花销售到了山东省内外100多家企业，影响非常恶劣。以上均有该公司董事长、部门经理、业务人员的口供，以及仓库台账、入库单、报关单及外贸合同、销售领料单及销售发票等书证予以印证，证据完整、确凿。

这起案件是近年来山东省内查发的涉税额最高的走私案件。案发后，该案被最高人民检察院、海关总署联合挂牌督办；山东省委省政府、相关市党委政府和社会各界十分关注；下岗、稳定等问题与之密切攸关。

一时间，我和新济南海关处在了国家利益与地方利益、打击走私与维护稳定、依法行政与服务经济等各类矛盾的漩涡之中。

二、主要难题

案件的查办，虽然艰辛，倒也顺利。接下来走完立案、侦查终结、移送起诉、审判等程序，应该就算大功告成。但此案涉及的棘手问题之多，我们面临的压力之大，我虽有充分预判，有些还是超出了估计。

棉企是典型的劳动密集型企业，转型升级不佳，普遍处于价值链低端，竞争优势越来越弱，有的处于停产倒闭边缘。且从业人员多，处理棉企走私案件绝不仅是一个法律问题，更是涉及社会稳定、群众就业的政治问题、民生问题。其中令我们棘手的“刺”，不但多，而且危险大。

第一根“刺”，是“投鼠忌器”的就业与稳定。

L公司有着辉煌的过去，曾是所在市最大的纺织企业，有五十多年的建厂历史，职工近5000名，许多职工家中几代人为之奋斗。但受国内市场疲软、棉花价格倒挂、人民币持续升值等大环境影响，到案发时，企业已负债累累，经营连亏不止，公司资金链几近断裂，银行负债高达19亿元。曾经的明星企业，滑落到破产边缘。

为解决融资难题，该公司从2006年后，开始内部集资，用来购买棉花等生产原料。企业给出12%的高息，绝大多数员工踊跃而入，亲朋相凑拿出上百万元的并不鲜见。截至案发时，公司所欠职工债权达1.48亿元。这种情况下，海关对其处理很容易成为压倒企业的最后一根稻草。届时，数千员工面临下岗，员工集资款无法收回，极易引爆群体性事件，造成严重的社会稳定问题，甚至在国际国内酿成不良政治影响。

第二根“刺”，是险象环生的连环担保危局。

纺织业劳动密集，人力成本高，产品附加值低，行业利润微薄，融资就成了发展的关键。融资困境，逼出了企业连环担保的融资模式。

所谓连环担保，就是为了从银行贷到资金，企业之间我给你担保贷款，你给他担保贷款，通过连环担保，实现相互“取暖”。这种模式的危险性在于一损俱损，一家企业出现难以还贷的问题，整个担保链都得受株连。

L公司就是连环担保链上的一环。在案发之前，与其有联保关系的两家企业先后破产，L公司相继承担担保资金1.4亿元、1.94亿元，使已摇摇欲坠的L公司雪上加霜。这也是L公司倒卖棉花以求生存的诱因之一。

L公司既是连环担保的受害者，也可能成为新一轮破产潮的“肇事者”。因它还与多家企业有着联保关系，如果因海关查处导致其破产，会引起“骨牌效应”，形成多米诺冲击波，引发当地经济生态连环危机。

第三根“刺”，是国家利益与地方利益的冲突。

但国家利益是宏观的、整体的，地方利益是具体的、实际的。二者发生冲突时，感受最直观的，往往是地方利益的反映与反弹。地方利益诉求会通过各种途径、各种方式释放出来，形成实实在在的压力。

这些压力有的通过迂回的方式来施加。如以服务经济发展为名，要求海关法外执行；以保护稳定、确保就业为名，希望海关网开一面；等等。信息表达的方式有时迂回，但表露的信号却很明确：如果海关依法查处这起走私案，就要承担影响发展、破坏稳定、造成失业的责任。这个责任，你海关担不担得起？

有的压力则通过直接的方式来施加。案发后，该市人大常委会决定启动对当地海关在媒体全程直播下的质询，当地纪委把所在地海关评为上年度该市行风评议倒数第一，总之要针锋相对。

建关事业繁重艰巨，工作刻不容缓，我和党组一班人却不得不花费很大的精力，用高度的政治敏锐性和原则性，以及缜密灵活的策略来应对这个案件。

三、主要对策

面对严峻形势与复杂矛盾，我在深思熟虑并进行内部多次研究讨论的基础上，提出几条处理原则：一是坚决维护国家利益，坚决依法办案，这是海关的天职，是不能动摇的底线；二是紧紧依靠海关总署的坚强领导，及时向省委省政府汇报情况，取得上级指导与支持，是时刻坚守的准则；三是在依法办案的前提下，全力维护企业正常生产经营，想方设法维护社会稳定，这是始终都要注意的问题；四是对内部可能存在的渎职、腐败等问题，同步进行查处，这是打铁还得自身硬的关键。

研判准了形势，明确了思路，到出牌的时候了。我们系统、连续地打出了六张牌。

第一张，是“原则牌”。

排除重重压力，坚持法律底线，在形成证据链的情况下，果断对该案立案侦查，对相关犯罪嫌疑人采取强制措施。因为我们当时已经发现，棉花走私已呈现了行业性走私现象。L 公司规模大、影响大，具有示范效应。如果“投鼠忌器”，不对其依法处理，不仅其违法行为会被别的棉企效仿，处理结果也为其他棉企所攀比。这不但会加重行业内铤而走险的侥幸心理，也会对后续案件处理、对其他关区案件的处理提供不好的先例。同时，如果海关迫于重重压力，“法外施恩”，也将面临被追究渎职的风险。依法行政是原则，是底线。

第二张，是“担当牌”。

海关执法，目的是营造健康秩序，维护经济发展。所以执法本质上是服务、是促进。维护社会稳定、维护经济发展，是海关义不容辞的责任与担当。因此我们充分考虑企业生产经营和政府维稳需要，只对该公司主要负责人采取了限制人身自由的强制措施，对其他从事生产、经营活动的涉案人员均按取保候审方式处理。办案中本着高度审慎的原则，尽力缩小知情面，严格控制信息传播。而且为维持企业正常经营，允许L公司继续开展一般贸易进出口业务，同意其使用前期封存的布料用于加工成衣出口，使公司的生产、经营状况保持了平稳正常。

第三张，是“沟通牌”。

我专门带队赴海关总署缉私局和有关业务司局进行汇报沟通，取得了总署相关司局的指导，确保正确的办案方向。向省委书记、省长、分管省领导当面汇报案件情况、进展，及时向省委、省政府领导报送专报，解释国家政策与法律规定，阐明海关职责与原则，说透案件的严重危害，取得对打私工作的理解支持。省委、省政府领导明确表示支持海关办案，并且要求其他部门不能干预海关办案。最终，该市人大常委会停止了对海关的质询，维护了海关执法的严肃与权威。我主动约见L公司所在市委、市政府主要负责人，听取意见、建议，共同研究下一步的工作措施。通过广泛沟通，取得了各方的理解支持，最大限度排除了阻力与压力，坚定了我们妥善处理好这起案件的信心。

第四张，是“规范牌”。

我们在对该案的分析中发现，棉纺企业面临的经营环境、金融环境之严峻具有普遍性，行业性棉花走私风险非常大。山东是纺织大省，规模以上企业达4200家，从业人数121.8万人，纱线及棉布产量占全国的1/3，居全国首位，棉花加工贸易进出口总值占全国的61.5%，而我关辖区9市棉花加工贸易总值占全国的51.3%。济南关区很可能已成为棉企行业走私的重灾区，开展打击棉花走私专项行动必要而迫切。

打击只是手段，规范才是目的。而规范行业经营生态不是海关一家就能办到的事情。我们及时向省领导汇报，省领导高度重视，部署由省打私办牵头，省商务厅、青岛海关、济南海关等部门联合，共同开展打击进口棉花走私专项整治行动。

专项行动还获得了海关总署的高度关注，总署缉私局在济南召开打击棉花走私研讨会，高度评价我关工作，推广我关经验，部署在全国开展棉花走私专项打击行动。

第五张，是“政策牌”。

在办案中，我们也认识到，棉纺行业经营环境整体恶化，生存压力是促使棉企铤而走险的重要客观原因。从政策层面加大扶持力度，切实促进棉纺行业健康发展，既能从根本上防范走私违法现象，也有利于棉纺行业的转型升级，巩固山东这一传统的外贸竞争优势。

对此，在深入调研的基础上，我们给省政府写出专题报告，提出综合治理的政策建议。主要有：希望政府、行业协会和企业通过各种渠道积极呼吁，在国家政策层面推动实现棉农直补，降低棉纺企业用棉成本；完善棉花配额管理政策，畅通加工贸易内销渠道；重视中小企业的融资问题，改善纺织行业融资环境；等等。这些建议获得了省委省政府的高度重视，为省领导提供了重要的决策参考。

第六张，是“内控牌”。

物必自腐而后虫生。L公司特大走私案件的发生，与主管海关业务基础不牢、风险防控不力、职责履行不到位有密切关系。我们在办理走私案件的同时，启动了“一案双查”程序，即对外查走私，对内查责任，决不包庇、不护短。相关责任人员受到了严肃追究：负领导责任的关长调离工作岗位，负直接领导责任的两名副关长一人免职、另一人停职检查，负直接责任的两名科长免职。通过责任追究，深刻警示和教育了关区队伍，使基层领导和关员在做好服务的同时，主动完善风险内控机制，切实履行把好国门的神圣职责。

【案例反思】

“六张牌”打出了好局面、好成效。办案工作排除种种阻力、压力得以顺利推进，最终法院做出判决，有关责任人员受到了法律追究。新济南海关打出了声威，树立了形象，获得了认可。我在这其中经受住了考验，得到了锻炼，受到了启迪，积淀了一笔宝贵的领导力财富。

启迪之一：要直面矛盾，化消极为积极，化被动为主动

困难既是麻烦，也是契机。克服之前，困难是绊脚石，克服之后，它会成为垫脚石，能让一个人、一支队伍更加成熟，迈上新的层次。这是危机，更是机遇，山东棉纺企业在这场危机之中得到了规范，争取到了政策支持，在竞争与发展中增长了本领。济南海关也在这场危机中抓住机遇，开展了全关区的执法大检查，建章立制，执纪问责，增强了关区上下依法行政的责任意识，防范执法风险、加强实货监管的监管意识，加强内部管理、防范廉政风险的责任意识等，在危机与教训中成长进步。

启迪之二：要识别大局，着眼整体

要充分认识矛盾的普遍性与关联性，从大环境、大视野中认识和把握问题，以全面的思维、系统的措施解决问题，就事论事、顾一点不及其余的处理方式，往往难以更好地解决问题，反而会造成更大的问题。

启迪之三：要有效沟通，解除压力，形成合力

一个人不能包打天下，一个部门也不能包打天下，处理艰巨复杂的疑难问题，要紧紧依靠上级的领导指导，积极取得相关部门的协同共治，推动形成工作合力，也为自己解除了压力。

启迪之四：要有政治定力

要有原则、有坚守、有担当，任何情况下不能以牺牲国家利益为代价，不能以违法行政为代价，灵活性必须建立在原则性的基础之上。

启迪之五：要讲辩证统一

执法与服务、严管与厚爱是辩证统一的。只有打击不法，才能保护守法，才能维护正常的外贸秩序，才能使行业健康持续发展，这是更高层次的服务。只有严肃处理内部管理、违纪等问题，才能正风肃纪、警示队伍，才能带出健康生态与清风正气。

【案例点评】

困难既是麻烦，也是契机。克服之前，困难是绊脚石，克服之后，它会成为垫脚石，能让一个人、一支队伍更加成熟，迈上新的层次。善于识别矛盾，精于分析矛盾，敢于处置矛盾，这是做好领导工作的三大环节。

面对矛盾首先要迎难而上，直面各种困难和压力。识别矛盾需要战略思维，分析矛盾需要辩证思维，处置矛盾需要法治思维。

后　记

2015 年，中组部、全国妇联与国家行政学院先后两次共同举办了 2 期“女性领导力”专题培训班。来自中央国家机关、中央直属企业以及地方党政机关的 80 多位司局级女性领导干部参加了专题班的学习和交流。

“理论总是灰色的，而实践之树常青”。女性领导力的提升要靠领导力理论的学习，更要靠女性领导干部自身经验的感悟总结和相互分享。所以，我们主张每位学员结合工作实际撰写领导力案例，来代替传统的学习体会。学员们按照培训要求，提交了非常有见地的领导力案例。读来，令人有“荡胸生层云”的感觉。在此感谢她们的大力参与和精彩分享。

我们挑选了 2015 年 2 期培训班学员提供的部分案例，按照战略决策、团队建设、变革创新、战略执行、沟通协调、舆情管理以及危机应对等七个板块进行了编排，便于大家交流学习。

全国妇联一直以多种方式关心、支持“女性领导力”专题班的举办，并为本案例集的结集和印制提供了经费支持。我院教务部为本案例集的正式出版提供了经费支持，在此深表感谢。

张国玉、孔新峰、刘志伟、宋雄伟、贺海峰和龚晓珺等同志为案例汇编做了大量工作，在此一并表示感谢！案例集初稿形成以后，全国妇联组织部冯曼东副部长和有关同志，我院政治学部主任范文教授、教务部丁文峰主任、培训部安令裕主任、教务部王刚副主任及科研部焦利副主任等就完善案例集提出了十分宝贵的意见。在此也深表谢意。

编者

2015 年 12 月